UR

Responsabilidad del legislador en Colombia
Por derogación de normas tributarias

Responsabilidad del legislador en Colombia

Por derogación de normas tributarias

Rocío Ramos-Huertas

Colección Textos de Jurisprudencia
Serie Maestrías

ISBN: 978-958-738-276-1

Primera edición: Bogotá D.C., agosto de 2012
Coordinación editorial: Editorial Universidad del Rosario
Corrección de estilo: Claudia Ríos
Diseño de cubierta: Miguel Kilka
Diagramación: María del Pilar Palacio
Impresión: Estratégikmente Ltda.
Editorial Universidad del Rosario
Carrera 7 No. 12B-41, of. 501 • Tel: 297 02 00
http://editorial.urosario.edu.co

Fecha de evaluación: 12 de septiembre de 2011 Fecha de aprobación: 16 de marzo de 2012

Ramos Huertas, Rocío
Responsabilidad del legislador en Colombia por derogación de normas tributarias / Rocío Ramos Huertas. —Universidad Colegio Mayor de Nuestra Señora del Rosario. —Bogotá: Editorial Universidad del Rosario, 2012.
166 p. (Colección Textos de Jurisprudencia)

ISBN: 978-958-738-276-1

Derecho tributario – Colombia / Exención de impuestos - Colombia / Responsabilidad del estado – Colombia / Responsabilidad legal – Colombia / I. Universidad Colegio Mayor de Nuestra Señora del Rosario, Facultad de Jurisprudencia / II. Título. / III. Serie.

343.052309861 SCDD 20

Catalogación en la fuente – Universidad del Rosario. Biblioteca

dcl Marzo 23 de 2012

Hecho el depósito legal que marca el decreto 460 de 1995

Impreso y hecho en Colombia
Printed and made in Colombia

Contenido

4. La configuración de la responsabilidad del legislador en el tratamiento de exenciones

El derecho es, entre otras cosas, un instrumento del poder
y la potestad legislativa, su más enérgica expresión.
Roberto Galán V., *La responsabilidad del Estado Legislador*

Nota preliminar

Este libro es el resultado de la investigación realizada para optar al título de Magíster en Derecho Administrativo en la Universidad del Rosario. Se publica gracias a la recomendación que hiciera el jurador calificador compuesto por los doctores Fernando Alberto García-Forero y Mauricio Alfredo Plazas Vega, quienes le otorgaron la máxima calificación "tesis laureada" luego de la sustentación pública realizada el 25 de febrero del 2010 en la ciudad de Bogotá D.C., por considerar que contribuye al debate en torno a si el legislador en Colombia es responsable por vulnerar la confianza que tienen los ciudadanos en el mantenimiento de las condiciones tributarias que los rigen, cuando intempestivamente modifica las exenciones concedidas y afecta, además, la capacidad contributiva de los destinatarios de esas exenciones.

Al distinguido profesor Mario Posada García-Peña, quien fue mi director de tesis, mi agradecimiento y especial reconocimiento por todos los aportes académicos en la orientación de este trabajo. Valoro profundamente toda su confianza, dedicación personal y las contribuciones científicas hechas desde su experiencia. A los ilustres profesores Juan Pablo Cárdenas Mejía, Enrique José Arboleda Perdomo, Felipe de Vivero Arciniegas, Juan de Dios Bravo, Gustavo Quintero Navas, Luis Felipe Botero Aristizabal, Martín Bermúdez, Jorge Luis Trujillo Alfaro, Mauricio Plazas Vega y Manuel Alberto Restrepo Medina por sus generosos aportes a este trabajo. Al doctor Germán Quintero por abrirme un espacio en su agenda para brindarme tan importantes consejos.

Introducción

El fenómeno de la atribución de responsabilidad originado en ese principio moral de *neminem laedere,*[1] no dañar a otros, surgido de la necesidad de garantizar la convivencia y la seguridad en el tráfico de relaciones, llegó a convertirse en una obligación, en una norma legal que con el avance de la sociedad y de las instituciones jurídicas, se predica hoy incluso del Estado. Dicho aforismo expresa la prohibición de dañar a los demás, así como la consecuencia que implica *infringir la norma*, y no es otra que la obligación de indemnizar al perjudicado, de resarcirle las consecuencias negativas sufridas. Puede señalarse que la evolución del concepto de responsabilidad estatal ha venido de la mano de la evolución misma del Estado, y aumenta o disminuye de forma directamente proporcional a la cantidad de actividades en las que éste interviene. Es así como en el desarrollo de sus actuaciones, el Estado puede convertirse en agente de daños y por lo mismo, en sujeto de responsabilidad.

Después de aceptarse que el Estado era responsable patrimonialmente se avanzó clasificando la institución de la responsabilidad estatal en ciertas subcategorías, relacionadas con la división tradicional del Estado en ramas del poder público. No obstante, pareciera que el mundo jurídico dejó de lado, por mucho tiempo, el desarrollo de esta institución en tratándose del poder legislativo.

Recientemente la doctrina extranjera[2] se ha vuelto a ocupar del tema, presentando interesantes desarrollos que servirán de fundamento al estudio

---

[1] En Colombia el Código Civil contiene una norma que se asimila a ese principio de no dañar a otro, en el sentido en que se debe proceder a reparar el daño que sea infringido en caso de faltar a la prohibición de no dañar a otro, independientemente de si el daño fue provocado dolosamente o por negligencia: Artículo 2341. "Responsabilidad extracontractual. El que ha cometido un delito o culpa, que ha inferido daño a otro, es obligado a la indemnización, sin perjuicio de la pena principal que la ley imponga por la culpa o el delito cometido".

[2] Comparar también: Alonso García, *La Responsabilidad patrimonial del Estado-legislador,* Ga-

que se plantea en este trabajo, la responsabilidad del legislador derivada del tratamiento de exenciones tributarias.

También es importante agregar que otro de los factores que ha influido considerablemente en la evolución del concepto de responsabilidad del Estado, en particular en su expansión, deviene del auge en los mecanismos de protección de derechos y del incremento en las normas de carácter garantista.

Este trabajo analiza la responsabilidad patrimonial del legislador en Colombia por vulneración del principio de confianza legítima en el tratamiento de exenciones tributarias, para lo cual se ha dividido en cuatro partes, con el fin de revisar los siguientes temas:

En el capítulo primero se presentará en la parte inicial, a manera de reseña histórica y debido a que no es intención de este estudio abordar la sistematización de todos los aspectos históricos de la responsabilidad, las características de este concepto, introduciendo, a renglón seguido, los elementos de la responsabilidad estatal en Colombia antes del año 1991, en vigencia de la Constitución de 1886. En el segundo apartado, la atención se limita al estudio de la institución con fundamento en lo dispuesto en el artículo 90 de la nueva Constitución Política de Colombia.

El capítulo segundo se concentra en presentar el tema de la responsabilidad del legislador, conforme a los comentarios que ha hecho la doctrina extranjera, señalando los aportes más relevantes de algunos autores, así como los de la jurisprudencia.

El capítulo tercero se enfoca en el análisis del régimen de responsabilidad en Colombia a partir del año 1991, con la introducción de la responsabilidad patrimonial, desprendiéndose del régimen netamente subjetivo de la falla del servicio y avanzando hacia la construcción de un modelo más amplio que incluye los títulos de imputación tradicionales y que permite también la incorporación de la responsabilidad objetiva. También se examinan en el mismo capítulo los pronunciamientos de la jurisprudencia en torno al nuevo régimen de responsabilidad estatal, destacando elementos que enriquecen la responsabilidad del legislador.

El capítulo final se centra en el tema de la responsabilidad del legislador en Colombia por el tratamiento de exenciones, en aplicación del principio

---

LÁN, *La responsabilidad del Estado legislador*, MESTRE, *Responsabilidad del Estado legislador*, GARCÍA DE ENTERRÍA, *La responsabilidad patrimonial del Estado legislador en el derecho español*.

de confianza legítima. Con tal propósito, en la primera parte se introduce el tema general de las exenciones tributarias y se entra a determinar las competencias constitucionales del poder legislativo, debido a su facultad de crear, modificar o extinguir cualquier beneficio tributario o exención tributaria. Siendo así, veremos cómo a propósito de la modificación que éste introduce en las exenciones, la potestad de configuración de la ley que la Constitución le confiere es bastante amplia. Acto seguido, se sintetizan las consecuencias de las modificaciones legislativas en materia de exenciones tributarias en Colombia, desde el punto de vista de los sujetos afectados, en especial cuando la exención o el beneficio concedido son retirados del ordenamiento jurídico antes del término, generándose en este evento una aparente vulneración a los principios de confianza legítima y de seguridad jurídica, que se imponen en el Estado social de derecho.

Teniendo en cuenta que para completar la investigación es necesario conocer la posición de los involucrados en el fenómeno, a través del estudio de casos particulares y conforme a lo señalado por la doctrina y la jurisprudencia, analizaremos las posiciones jurídicas del beneficiario de una exención y su relación con el principio de confianza legítima cuando aquella sea retirada del ordenamiento jurídico, haciendo referencia a las posturas que consideran o niegan responsabilidad del Estado legislador.

Finalmente, utilizando un caso puntual como ejemplo, se explicará cómo la modificación (derogatoria) de estas disposiciones contraría los principios y normas superiores que rigen la actuación del Estado y se sugerirán algunos mecanismos provisionales para resarcir los daños patrimoniales a los afectados con la derogación de las normas que consagran una exención.

1. Evolución de la responsabilidad del Estado en Colombia

Un breve recuento a manera de ubicación de la responsabilidad del Estado nos sitúa, en primer lugar, en el escenario de la irresponsabilidad propia de la época del Estado imperialista y absolutista, concepciones que se fundamentaron por antonomasia en la soberanía y en esa imposibilidad de cuestionar las actuaciones de ese ente superior, por el origen divino de sus gobernantes. Más adelante, con el surgimiento del Estado gendarme, que realizaba una exigua intervención en la vida económica y social, era extraño el fenómeno de la responsabilidad por la escasa posibilidad de que el Estado pudiera convertirse en agente de daños.

Posteriormente, el panorama de responsabilidad del Estado se fue configurando debido al desarrollo de la industria y a su intervención creciente en actividades de prestación del servicio público, lo que a su vez llevó al incremento de los riesgos y a la producción de daños, con la consecuente necesidad de reparar los perjuicios causados por la gestión estatal.

La teoría francesa hizo un aporte importante a la construcción de un régimen propio de responsabilidad del Estado que permitió imputarle a éste los daños derivados de su actividad y conferirle a los afectados posibilidades para reclamar una indemnización. Dicho aporte es conocido como la "teoría de la falla del servicio", que básicamente consiste en entrar a examinar si en la actividad de prestación del servicio público el Estado incurrió en culpa[1] y, por lo tanto, habrá lugar a la reparación del perjuicio derivado de la misma.

Así mismo, con la evolución en la teoría del Estado y el reconocimiento cada vez más frecuente de las particularidades de su actividad, se fue confi-

[1] Correspondía examinar si la actuación fue negligente o tardía, o si hubo omisión, es decir, ausencia de prestación del servicio público.

gurando y especializando el régimen aplicable a su función. En tal sentido, se avanzó más tarde en materia de responsabilidad, al introducir una categoría de normas propias para imputar consecuencias a los daños que genere el Estado.

En nuestro país aproximadamente hasta 1938[2] el régimen empleado para los juicios de responsabilidad de la persona jurídica estatal en un principio se basaba en las normas de derecho civil. En esa época se aplicó la llamada responsabilidad por el hecho de otro, de carácter indirecto, teniendo como títulos de imputabilidad la culpa *in vigilando* e *in eligendo* los cuales operaban a manera de presunción.[3] Es decir, el Estado era responsable porque cometió culpa en la elección de los agentes o en el control que debía tener sobre la forma como éstos realizaban sus funciones.

Se utilizaron como fuentes normativas de la culpa *in vigilando* e *in eligendo*, los artículos 2347 y 2349 del Código Civil, que se refieren a la responsabilidad extracontractual de las personas jurídicas de derecho privado, debido a que en la Constitución de 1886 no existía una norma que impusiera expresamente al Estado la obligación de indemnizar los daños acaecidos en desarrollo de su gestión.

Con el desarrollo de la jurisprudencia en la materia, la Corte Suprema de Justicia[4] señaló años después que la responsabilidad del Estado era de carácter directo y de naturaleza subjetiva, exigiendo probarse la ocurrencia de

---

[2] La evolución de la institución de la responsabilidad del Estado en Colombia es analizada detenidamente por el profesor Alier Hernández, por lo que en esta parte se seguirán algunas de las consideraciones expuestas por este autor sobre el particular.

[3] Hernández Enríquez, Alier Eduardo. "Responsabilidad patrimonial extracontractual del Estado colombiano". En Revista Facultad de Derecho, Universidad Militar Nueva Granada, Vol. IV, n° 8, 2001; p. 90.

[4] En la Constitución de 1886 la Corte Suprema contaba con una competencia amplia para conocer los asuntos en los que eran parte los particulares y también el Estado. Respecto a este último, además de los temas de revisión de la conformidad de las ordenanzas departamentales a la ley y de la exequibilidad de los actos legislativos, se ocupaba de fallar los litigios en los que era parte la Nación y de la responsabilidad de ciertos funcionarios por circunstancias relacionadas con sus funciones:

> Artículo 151. Son atribuciones de la Corte Suprema de Justicia: [...]
>
> 3. Conocer de los negocios contenciosos en que tenga parte la Nación o que constituyan litigio entre dos o más departamentos.
>
> 7. Conocer de las causas que por motivos de responsabilidad, por infracción de la Constitución o de leyes, o por mal desempeño de sus funciones, se promuevan contra Agentes Diplomáticos y consulares de la Republica, los Gobernadores, los Magistrados de los Tribunales de Justicia, los

la culpa, conforme a lo dispuesto en el artículo 2341 del Código Civil que señala "Artículo 2341. Responsabilidad extracontractual. El que ha cometido delito o culpa, que ha inferido daño a otro, es obligado a la indemnización, sin perjuicio de la pena principal que la ley imponga por la culpa o el delito".[5]

Al respecto, sobre la aplicación de las reglas del derecho civil a la responsabilidad del Estado y su evolución jurisprudencial, hasta llegar a encontrar un fundamento propio y diferente al derecho privado, explica Hernández "se puede sostener que a esta tesis llegó la Corte por un doble camino que, poco a poco, fue separando la responsabilidad de las personas jurídicas de derecho privado de la correspondiente a las de derecho público: la denominada teoría organicista y la falla del servicio".[6]

La remisión a normas del Código Civil en Colombia, en vigencia de la Constitución Política de 1886, se fue dejando de lado. A partir de la reforma constitucional de 1910 se expidieron disposiciones como la Ley 130 de 1913,[7] "Sobre la jurisdicción de lo contencioso administrativo", que comenzaron a asignar el conocimiento de asuntos del Estado a esta jurisdicción. Los jueces, en un gran esfuerzo constructivo de crear un régimen diferente del de los particulares que sirviera de fundamento para indemnizar los daños que ocurrieran con ocasión de la actividad estatal, utilizaron los principios constitucionales y la disposición contenida en el artículo 16 de la Constitución Política de 1886,[8] aunque sin apartarse plenamente del régimen contenido en el Código Civil.

El artículo 16 de la Constitución de 1886 introducido en la reforma constitucional de 1936 prescribía "Artículo 16. Las autoridades de la República están instituidas para proteger a todas las personas residentes en Colombia, en sus vidas, honra y bienes, y para asegurar el cumplimiento de los deberes sociales del Estado y de los particulares". En adelante el propósito de crear un régimen propio de responsabilidad para el Estado se fue concretando, apoyán-

---

Comandantes o Generales en Jefe de las fuerzas nacionales, y los Jefes superiores de las Oficinas principales de Hacienda de la Nación.

[5] Colombia, Congreso de la República. Código Civil colombiano, mayo 26. El Congreso, 1873.

[6] Hernández, op. cit., p. 91.

[7] Esta ley fue expedida en desarrollo de lo establecido por el artículo 42 del Acto legislativo n° 3 de 1910.

[8] Colombia, Congreso de la República. Acto Legislativo n°. 1., agosto 5, 1936, Reformatorio de la Constitución. Bogotá: El Congreso, 1936.

dose en las normas del *Código Contencioso Administrativo*[9] que contribuirían a las tesis jurisprudenciales, aportando nuevos elementos normativos más precisos que los de la Constitución en cuanto a su alcance. Los artículos 67 y 68 del *Código Contencioso Administrativo*, Ley 167 de 1941, fueron los pilares para ir delineando un régimen que hiciera posible indemnizar los daños que causaba el Estado. El texto de estos artículos disponía:

> Artículo 67. La persona que se crea lesionada en un derecho suyo establecido o reconocido por una norma de carácter civil o administrativo podrá pedir que además de la anulación del acto se le restablezca en su derecho.
> La misma acción tendrá todo aquel que se hubiere hecho parte en el juicio y demostrado su derecho.
>
> Artículo 68. También puede pedirse el restablecimiento del derecho cuando la causa de la violación es un hecho o una operación administrativa. En este caso no será necesario ejercitar la acción de nulidad, sino demandar directamente de la administración las indemnizaciones o prestaciones correspondientes.

De lo expuesto hasta ahora es claro que la construcción del régimen de responsabilidad del Estado en vigencia de la Constitución Política de 1886 se hizo principalmente por parte de los jueces, primero de la Corte Suprema de Justicia y posteriormente del Consejo de Estado,[10] sumando un importante

---

[9] Colombia, Poder Público Órgano Legislativo Nacional. Ley 167 de 1941, diciembre 24, Sobre organización de la jurisdicción Contencioso-administrativa. Bogotá: El Congreso, 1941.

[10] En la Constitución de 1886 estaba previsto lo siguiente: "Artículo 141. Son atribuciones del Consejo de Estado: [...] 3. Decidir, sin ulterior recurso, las cuestiones contencioso administrativas, si la ley estableciere esta jurisdicción, ya deba conocer de ellas en primera y única instancia o ya en grado de apelación". Posteriormente, en la reforma introducida por el Acto legislativo 01 de 1914 el Artículo 141 quedó así: "Son atribuciones del Consejo de Estado" [...] 3o. Desempeñar las funciones de Tribunal Supremo de lo Contencioso Administrativo conforme a las reglas que señale la ley"; El artículo 164 también se refería al Consejo de Estado: "Artículo164 (modificado por el Acto Legislativo 03 de 1910) La ley podrá establecer la jurisdicción contecioso-administrativa, instituyendo Tribunales para conocer de las cuestiones litigiosas ocasionadas por las providencias de las autoridades administrativas de los Departamentos y atribuyendo al Consejo de Estado la resolución de las promovidas por los centros superiores de administración". Sin embargo, el Consejo de Estado asumió competencia plena para conocer los distintos tipos de asuntos en los que era parte el Estado hasta 1964.

logro, consistente en el tránsito de la responsabilidad indirecta (por el hecho de otro) a la responsabilidad directa por las actuaciones dolosas o culposas de los agentes estatales (con fundamento en el artículo 2341 del Código Civil, responsabilidad extracontractual), aunque en un principio dicho régimen careciera de un cuerpo jurídico propio y diferente del aplicable a los particulares contenido en el derecho privado.

Para continuar la construcción de este régimen se acudió a la interpretación de normas generales de protección y de principios constitucionales, sustentándose especialmente en la disposición del artículo 16 de la Constitución de 1886, de donde se irían conformando los matices de un régimen especial, así como el título jurídico de imputación de responsabilidad al Estado.

Sobre el particular es importante anotar lo señalado por la Corte Suprema de Justicia en Sentencia de junio 30 de 1962, en la que la corporación expresa que la responsabilidad del Estado debe fundamentarse en normas de la propia Constitución Política, más que en las del Código Civil.[11] En palabras de Gómez, "se hace a un lado por completo la noción de culpa del derecho civil, que se predica de una persona natural, para empezar a hablar de una cierta culpa anónima, orgánica, que es de una institución, pero sin que se atribuya a una persona natural determinada: la falla del servicio".[12]

La Corte Suprema de Justicia explica el cambio de fundamento normativo para la responsabilidad del Estado del artículo 2341 del Código Civil al artículo 16 de la Constitución Política, señalando las características y los elementos de la responsabilidad del Estado:

> a. Se sustituye la noción de culpa individual de un agente determinado, por la "falta de servicio", o culpa de la administración; desaparece, en consecuencia, la necesidad de demostrar la acción o la omisión de un agente identificado; es suficiente la falla funcional, la orgánica, la anónima;
>
> b. Se presume la culpa de la persona jurídica, no por las obligaciones de elegir y controlar a los agentes cuidadosamente, puesto que

[11] Colombia. Corte Suprema de Justicia, sentencia del 30 de junio de 1962, Magistrado Ponente José Gómez. Gaceta Judicial, Tomo XCIX. p. 87.

[12] Gómez Cardona, Efraín, *Nuevo derecho administrativo colombiano general y especial.* Bogotá: Biblioteca Jurídica Diké, 1995 p. 332.

las presunciones basadas en estas obligaciones no existen en la responsabilidad directa, sino por el deber primario del Estado de prestar a la colectividad los servicios públicos;

c. Basta a la víctima demostrar la falla causante y el daño;
d. En descargo de la administración no procede sino prueba de un elemento extraño (caso fortuito, hecho de un tercero o culpa de la víctima);
e. Si el daño se produce por el hecho de un determinado agente, en ejercicio de sus funciones o con ocasión de las mismas, responden solidariamente al damnificado con ocasión del reembolso a favor de aquella;
f. Los actos u omisiones dañosos del agente, por fuera de los servicios públicos, generan una responsabilidad exclusiva del mismo.
g. La acción indemnizatoria contra la administración prescribe según las reglas generales, por tratarse de responsabilidad directa; y la acción contra el agente determinado, si lo hubiere, en tres años, aplicando en este caso el artículo 2358 del CH...C. (en el núm. 34 del presente fallo se aclara y precisa este punto); y
h. La Corte ha sustentado esta doctrina en el artículo 2341 del C.C., base de la responsabilidad extracontractual directa.

La Corte lo ha encontrado hasta ahora en el citado artículo 2341 del C.C. porque, como lo ha dicho repetidamente, este precepto "ha consagrado una obligación general de indemnización, con respecto a todas las personas, sean físicas o morales, y el Estado, proceda como ente político o civil, debe someterse al derecho" (sentencia marzo de 1948, LXIII, 2057 y 2058.397), y lo halla hoy, además en el artículo 16 de la Carta, porque entre los "deberes sociales del Estado" sobresale el de prestar a la colectividad servicios públicos eficientes, así que fallando éstos, deja de cumplir el ordenamiento constitucional y debe reparar el daño.

Y finaliza la corporación judicial explicando cómo, no obstante la falta de una regla expresa sobre la responsabilidad del Estado en el texto constitucional y en el derecho público, los jueces pudieron deducirla aplicando normas del derecho privado:[13]

> La inexistencia de un texto legal que estatuyera concretamente la responsabilidad aquiliana de las entidades jurídicas y la especial de la administración por fallas del servicio, no fue óbice a la jurisprudencia, guiada particularmente por las disposiciones del derecho común, y ahora, así mismo, en el dicho artículo 16 de institucional significado. Porque, donde quiera que rija un texto como el artículo 8 de la ley 153 de 1887, no faltará la norma que señale al juez el camino de la justicia y el perfeccionamiento de la jurisprudencia.[14]

Además de la falla del servicio, título jurídico de imputación de responsabilidad estatal por excelencia, la jurisprudencia nacional históricamente también desarrolló y admitió títulos jurídicos de carácter objetivo. Entre los títulos objetivos utilizados se encuentran los denominados daño especial y riesgo excepcional, como se verá más adelante.

1.1. Regímenes de responsabilidad del Estado previos a la Constitución Política de 1991

Como se explicó en el aparte anterior, en Colombia, bajo la Constitución de 1886, no había una definición clara de los elementos que configuran la institución de la responsabilidad del Estado. La jurisprudencia, utilizando algunos elementos tomados del régimen de responsabilidad civil, elaboró los títulos de imputación conocidos como: la *falla del servicio*, probada o presunta, de carácter subjetivo y los de carácter objetivo, el *daño especial* y luego el *riesgo excepcional*. Estos títulos introducidos por la jurisprudencia se explican de la siguiente forma:

---

[13] Colombia, Congreso de la República. Ley 153 de 1887, agosto 15, 1887, por la cual se adiciona y reforma los códigos nacionales, la ley 61 de 1886 y la 57 de 1887. Bogotá: El Congreso, 1887. El artículo 8 de esta ley contempla una de las reglas generales sobre validez y aplicación de las leyes:

> Artículo 8. Cuando no hay ley exactamente aplicable al caso controvertido, se aplicarán las leyes que regulen casos o materias semejantes, y en su defecto, la doctrina constitucional y las reglas generales de derecho.

[14] Colombia. Corte Suprema de Justicia, Sala de Casación Civil, sentencia de junio 30 de 1962. Gaceta Tomo XCIX, n° 2256 a 2259, p. 95, citado por Gómez, op. cit., p. 329.

> El régimen de la falla del servicio, la cual por regla general debía se probada por el demandante;
> El régimen de la falla presunta para la responsabilidad médica en la cual el funcionamiento adecuado del servicio debía ser probado por la entidad médica por considerarse que a ella le quedaba más fácil hacerlo;
> El régimen de la responsabilidad presunta para las actividades peligrosas; y el régimen del daño especial para los daños que rompían el equilibrio ante las cargas públicas.[15]

Para la valoración de la responsabilidad subjetiva del Estado se tenían en cuenta los criterios de medición del incumplimiento de las obligaciones del derecho privado, analizando si una actuación, por parte de la administración, no se llevó a cabo (omisión), se realizó tardíamente o se realizó irregularmente.

No obstante, este planteamiento también se relativizaba, atendiendo a si la administración contaba con los medios para cumplir la obligación que le señalaba la ley o no. En otras palabras, la jurisprudencia se refería a una especie de obligaciones de medio del Estado, salvaguardando en cierta forma los intereses de la administración, por considerar que en determinados casos no estaba obligada a cumplir con lo imposible.

Así mismo, se estableció en términos generales que la responsabilidad del Estado compartía los mismos elementos y la finalidad resarcitoria de la del derecho privado. Por lo tanto, desde entonces se previno que para la existencia de responsabilidad del Estado se deben configurar el título jurídico de imputación, el nexo causal y el daño antijurídico.

1.1.1. Régimen de responsabilidad subjetiva, falla del servicio

Este régimen se caracteriza por la deducción de la responsabilidad del Estado a partir del análisis de la forma en la cual éste realizó una actividad, es decir, si en desarrollo de la misma incurrió en culpa, derivada de una falla del servicio: imputación de responsabilidad por falla en el servicio, aplicando como parámetro el deber del Estado de cumplir las obligaciones del artículo 16 de la Constitución de 1886. La falla en el servicio se puede generar por la no realiza-

---

[15] Bermúdez, Martín. "El título jurídico de imputación en la responsabilidad estatal". Ponencia. Bogotá, 22 de junio de 2005, sin publicar, p. 3.

ción de la actividad o la falta de prestación del servicio, o por un cumplimiento defectuoso, sea irregular, ineficiente o tardío de la obligación estatal de que se trate; este incumplimiento debe generar un perjuicio y probarse el nexo causal con el daño para que sea indemnizable, por lo que tradicionalmente se le ha conocido como *falla del servicio probada*, siendo la regla general.

En otros casos la jurisdicción consideró un régimen de la falla del servicio denominado falla del servicio presunta, aplicable a la prestación de servicios médicos y hospitalarios (no exactamente a la persona del médico, pues su obligación es de medio y se rige por el régimen general de la falla probada).

En dicho régimen se invierte la carga de la prueba, en cuanto ya no le corresponde a la víctima demostrar la culpa sino que la entidad demandada debía probar la ausencia de falla en la prestación del servicio para exonerarse de responsabilidad, teniendo en cuenta que se presume que a la víctima se le dificulta probar la falla, por carecer de los conocimientos o los medios especiales.

Al respecto, Gómez afirma que, en determinados supuestos, "no debía operar la teoría general de la falla, que obliga a la víctima a demostrar la irregularidad en el servicio, sino que, en consideración a la peligrosidad de la actividad pública o al riesgo que ella entraña, la falta debía presumirse".[16]

Es importante comentar la observación que hace Hernández respecto a la doble función que tuvo para el Consejo de Estado el artículo 16 de la Constitución de 1886, siendo de una parte el eje normativo alrededor del cual se diseñó la base de la responsabilidad extracontractual del Estado y al mismo tiempo el fundamento normativo [...] "en no pocos en que el Consejo de Estado no encontró una regla legal clara que estableciera una obligación a cargo del Estado para deducir, de su trasgresión, una falla del servicio-, para advertir, en él, el deber estatal incumplido en el caso concreto".[17]

---

[16] Gómez, op. cit., p. 333. En esta parte de su obra el autor precisa que la hipótesis de la falla del servicio presunta se aplicó a los servicios médicos y hospitalarios, a la distribución de energía eléctrica y a los accidentes automovilísticos. Otros autores, en cambio, difieren de esta postura, al señalar que, en estricto sentido, la falla del servicio presunta se aplica en términos generales a actividades de prestación de servicios médicos u hospitalarios, debido a que los daños ocasionados por las actividades que implican riesgo se juzgaban y se juzgan definitivamente por el sistema de responsabilidad sin falta conocido como teoría del riesgo, verbigracia, la distribución de energía eléctrica. Contrastar en Hernández Enríquez, Alier Eduardo y otro, *Responsabilidad extracontractual del Estado*. Bogotá, Ediciones Nueva Jurídica, 2007, p. 15; López Morales, Jairo. *Responsabilidad extracontractual del Estado*. 2a. ed. Bogotá: Ediciones Lex, 1981., p. 119.

[17] Hernández Enríquez, Alier Eduardo y otro, *Responsabilidad...*, op. cit., p. 13.

1.1.2. Régimen de responsabilidad sin falta

En este régimen pierde importancia la manera como se llevó a cabo la actuación del Estado que se entra a analizar, si fue diligente o si hubo negligencia o culpa en la gestión. El punto relevante que se va a examinar, para la aplicación de la responsabilidad objetiva como tal, es la producción de una lesión o daño a un particular, que pueden incluso provenir de una actuación lícita del Estado. Debido a que dicha lesión rompe el equilibrio en las cargas públicas, el particular afectado no debe entonces soportar ese daño y en consecuencia, tendrá que ser resarcido. Para fundamentar la tesis mencionada, la jurisprudencia explicó que la indemnización de los daños procede porque respecto de la víctima se han excedido las cargas habituales que se deben soportar por el hecho de vivir en sociedad. Adicionalmente, se justifica la reparación en el hecho de que el particular ésta asumiendo una carga muchísimo mayor a aquella que habitualmente le corresponde a los ciudadanos.

En tal sentido el Consejo de Estado establece: "se condena a la administración, independientemente de que la actuación oficial haya sido o no culposa, en la sola consideración de que la víctima ha sufrido un daño especial que ha roto el principio de la igualdad ante las cargas públicas".[18]

La responsabilidad sin falta u objetiva se clasificó principalmente en dos subclases para su tratamiento por parte de los jueces, denominadas teoría del riesgo y teoría del daño especial.

No obstante, es importante señalar que la jurisprudencia también planteó otras modalidades de responsabilidad del Estado para ciertos tipos de daños que fueran ocasionados por la administración, por ejemplo, la expropiación u ocupación de inmuebles en caso de guerra, o por la realización de trabajos públicos, e incluso por almacenaje y, además, algunos regímenes especiales (por un acto administrativo unilateral, por las vías de hecho, y la *actio in rem verso*), que han sido analizados por la doctrina nacional.[19]

Las teorías anotadas se presentan como parte del esfuerzo jurisprudencial por fortalecer y desarrollar esta institución, en vigencia de la constitución anterior. Más adelante retomaremos lo atinente a los principales regímenes especiales de responsabilidad.

---

[18] Colombia. Consejo de Estado, sentencia del 23 de mayo de 1973, Consejero Ponente: Alfonso Castilla Saíz, citado en Gómez, op. cit., p. 338.

[19] Comparar también, loc. cit., Hernández, op. cit., pp. 15 y ss., López, op. cit., pp. 122 y ss.

La teoría del riesgo especial o excepcional se aplicó como título de imputación frente a la producción de daños derivados de actividades "peligrosas", tales como el uso de armas de fuego o químicos y la operación de vehículos, entre otros.

De otra parte, el título de *daño especial* se aplicó en lo fundamental en los casos de intervención de las fuerzas armadas para indemnizar a la persona que resultara lesionada durante el desarrollo de una actividad lícita (como las que realiza el Estado en aras de mantener el orden y asegurar la defensa y la seguridad) por causa del rompimiento en el equilibrio y la igualdad ante las cargas públicas, teniendo en cuenta que una intervención militar por sus particulares condiciones y el uso de la fuerza por lo general "genera un daño especial, anormal, considerable, superior al que normalmente se tiene el deber jurídico de soportar".[20]

1.2. Responsabilidad del Estado a partir de la Constitución Política de 1991

1.2.1. Concepto

Para iniciar este acápite es importante considerar que a partir del año 1991 se introduce, de forma expresa y a nivel constitucional, la obligación del Estado de reparar los daños que ocasione con su actuación, regla que no estaba consagrada en esos términos en la anterior constitución.

En el nuevo régimen de responsabilidad estatal que introduce la Constitución de 1991 se modifica la prioridad del objeto en cuestión. De una parte, el fundamento único deja de ser la comúnmente utilizada falla del servicio, al tiempo que se traslada el enfoque de la perspectiva del Estado al de la víctima, dándole así mayor importancia a la situación del afectado con el daño que al agente que lo causó. En otras palabras, en el juicio sobre la responsabilidad se desplaza a un segundo plano el reproche a la conducta del agente, aspecto en el que anteriormente se centraba toda la atención, para enfocarse ahora en analizar la necesidad de brindar protección efectiva a la víctima. Por lo tanto, cualquier daño antijurídico que ésta sufra deberá ser indemnizado, in-

---

[20] Restrepo Londoño, Paulina. "La responsabilidad patrimonial del legislador en Colombia". Dir. Felipe de Vivero Arciniegas. Bogotá, D.C.: Uniandes, 2002. Tesis (Abogado), Universidad de los Andes, p. 22.

dependientemente de si hubo o no culpa del Estado (falla del servicio) en su producción.[21]

En este panorama se analiza si el daño antijurídico fue consecuencia de la acción o la omisión estatal que tendrá como resultado necesario la obligación de repararlo, por oposición al régimen anterior, donde se miraba si había culpa o falla del servicio, pues ésta debe probarse para entonces entrar a determinar si habría lugar a la declaratoria de responsabilidad y, una vez declarada la responsabilidad, proceder a estudiar lo relativo a la indemnización.

El artículo 90 de la Constitución Política establece:

> Artículo 90. El Estado responderá patrimonialmente por los daños antijurídicos que le sean imputables, causados por la acción o la omisión de las autoridades públicas.
>
> En el evento de ser condenado el Estado a la reparación patrimonial de uno de tales daños, que haya sido consecuencia de la conducta dolosa o gravemente culposa de un agente suyo, aquél deberá repetir contra éste.[22]

Un análisis de la disposición transcrita permite enumerar los elementos que deben presentarse para que se configure la responsabilidad del Estado según el artículo 90 vigente:

1. *Daño antijurídico*: Aquel daño o lesión, material o inmaterial que los particulares (las víctimas) no están en la obligación de soportar y que "se debe traducir en un perjuicio patrimonialmente avaluable para el receptor de la acción u omisión estatal".[23] Aquí es importante destacar que los hechos u omisiones que causan el daño se producen

[21] Colombia. Consejo de Estado, Sala de lo Contencioso Administrativo, Sección Tercera, sentencia del 22 de noviembre de 1991, Exp. 6454, Consejero Ponente: Julio César Uribe Acosta. En esta sentencia el Consejo analiza desde su perspectiva la nueva visión constitucional de la responsabilidad del Estado en Colombia, destacando los cambios que introdujo el artículo 90.

[22] Colombia. Constitución Política de 1991.

[23] Colombia. Corte Constitucional, sentencia T-291 de 1993, Magistrado Ponente: Alejandro Martínez Caballero.

generalmente en la esfera de la relación extracontractual de los particulares con el Estado.

No obstante, en materia contractual también es aplicable directamente el artículo 90 de la Constitución, aunque exista norma legal expresa para la responsabilidad derivada de las actuaciones que se surtan en materia de contratos estatales que se encuentra prevista en el artículo 50 de la Ley 80 de 1993.

En tal sentido se pronunció la Corte Constitucional en la providencia donde analizó la constitucionalidad del artículo 50 de la Ley 80 de 1993,[24] afirmando que "por ello la Corte declarará la citada expresión exequible, pero de manera condicionada, pues precisará que el artículo 50 de la Ley 80 de 1993 no constituye el fundamento único de la responsabilidad patrimonial del Estado en el campo contractual, por lo cual el artículo 90 de la Constitución es directamente aplicable en este campo".[25]

La Corte declaró condicionalmente exequible el artículo 50 de la Ley 80 de 1993, ratificando que éste debe ser interpretado en consonancia con el artículo 90 de la Constitución, debido a que aquel no constituye el fundamento único de la responsabilidad patrimonial del Estado en materia contractual, pues ninguna norma de inferior jerarquía excluye la aplicación directa del artículo 90 de la Constitución.

2. *Imputación al Estado*: Se debe acreditar que el daño fue ocasionado por el Estado,[26] que, en sentido amplio, está constituido por las dis-

---

[24] Colombia, Congreso de la República, Ley 80 de 1993, octubre 28, por la cual se expide el Estatuto General de Contratación de la Administración Pública. Bogotá. El Congreso. 1993. El artículo 50 de la Ley 80 de 1993 dispone: Artículo 50º "de la Responsabilidad de las Entidades Estatales. Las entidades responderán por las actuaciones, abstenciones, hechos y omisiones antijurídicos que les sean imputables y que causen perjuicios a sus contratistas. En tales casos deberán indemnizar la disminución patrimonial que se ocasione, la prolongación de la misma y la ganancia, beneficio o provecho dejados de percibir por el contratista".

[25] Colombia. Corte Constitucional, sentencia C-333 de 1996, Magistrado Ponente: Alejandro Martínez Caballero.

[26] Colombia. Constitución Política de 1991. El artículo 113 de la Carta establece la composición del Estado colombiano en los siguientes términos: Artículo 113. "Ramas del Poder Público y Organismos Autónomos. Son ramas del poder público, la legislativa, la ejecutiva y la judicial. Además de los órganos que las integran existen otros, autónomos e independientes, para el cumplimiento de las demás funciones del Estado".

tintas entidades y autoridades que hacen parte de las tres ramas del poder público, así como de los órganos autónomos o independientes. Es necesario que además de la relación de causalidad entre el daño y la acción u omisión de una autoridad pública, se le atribuya al Estado el deber jurídico de indemnizarlo.

3. *Antijuridicidad*: En términos generales el Estado impone deberes y cargas a los ciudadanos para garantizar así la convivencia en sociedad. Esto equivale a que los ciudadanos deben soportar las cargas o ciertos "daños" derivados de esos deberes generales que la Constitución o la ley les asignen, así como aquellos que se deriven de las actividades que desempeña el Estado.
   Sin embargo, pese a esa obligación que tienen los ciudadanos de soportar ciertas cargas o daños que resultan de la acción estatal, la Constitución precisa que no hay deber jurídico de soportar aquel daño o lesión que sea especialmente grave, es decir, que por su magnitud exceda las cargas habituales. En otras palabras, cuando de la atribución de cargas se genera un daño desproporcionado, éste se torna en antijurídico y en tal evento surge el derecho a la reparación, independientemente de la legitimidad o no de la conducta de la autoridad pública.

Se ha dicho que el avance introducido en materia de responsabilidad del Estado en la nueva Constitución amplía la esfera de protección, permitiendo a la vez que se mantengan los regímenes anteriores e introduciendo nuevas opciones para hacer más completa la institución. Al respecto conviene mencionar los comentarios que hizo la Corte Constitucional[27] sobre el artículo 90 afirmando que efectivamente con el mismo se extendió la esfera de protección a los ciudadanos, recogiendo los regímenes que había venido construyendo la jurisprudencia anteriores al año 1991, tomando ahora como fundamento de la imputación de responsabilidad la existencia de un daño antijurídico, interpretación que efectivamente confirma lo manifestado por el Constituyente.

La Asamblea Nacional Constituyente, según el constituyente Juan Carlos Esguerra Portocarrero, en la ponencia que se presentó para primer debate a la plenaria de tal Asamblea, cambió la responsabilidad del Estado ya que:

[27] Colombia. Corte Constitucional, sentencia No. T-291 de 1993, citada.

> [...] se desplaza el soporte de la responsabilidad administrativa, del concepto subjetivo de la antijuridicidad de la acción del Estado al concepto objetivo de la antijuridicidad del daño producido por ella. Esta antijuridicidad habrá de predicarse cuando se cause un detrimento patrimonial que carezca de un título jurídico válido y que exceda el conjunto de cargas que normalmente debe soportar el individuo en su vida social.
>
> Por lo que hace a la imputabilidad, se trata de resaltar la circunstancia de que para que proceda la responsabilidad en cuestión, no basta con la mera relación de causalidad entre el daño y la acción de una autoridad pública, sino que es necesario, además, que pueda atribuirse al órgano o al Estado el deber jurídico de indemnizarlo. La determinación de las condiciones necesarias para el efecto, quedará, naturalmente, en manos de la ley y la jurisprudencia.[28]

Para terminar este resumen acerca de la evolución histórica de la responsabilidad estatal, es importante reiterar que a partir de 1991 se introdujo en Colombia un régimen constitucional de responsabilidad del Estado. Sin embargo, como se verá a continuación, al parecer, en la práctica el cambio no ha sido tan significativo como se proclamó inicialmente.

Algunas de las críticas formuladas al nuevo régimen de responsabilidad estatal las expresa acertadamente el profesor Tamayo, señalando que, pese a la definición del artículo, pretende que el nuevo régimen se centre en el daño antijurídico como "aquel que el Estado no tiene el derecho a causar", y a pesar del esfuerzo del constituyente "al igual que antes de 1991, serán el legislador y los tribunales los encargados de determinar en qué casos el daño antijurídico es aquel que solo existe cuando se cause por una falla del servicio y en cuáles el daño es antijurídico así la falla del servicio no haya existido".[29]

En general, se critican las distintas interpretaciones que se hacen sobre el alcance del artículo 90 y la procedencia o no de aplicar la culpa como ele-

---

[28] Colombia. Asamblea Nacional Constituyente. Gaceta Constitucional n° 56, Bogotá D.E., abril 22 de 1991, p.15.

[29] Tamayo Jaramillo, Javier. *La responsabilidad del Estado y el daño antijurídico (Const. Pol., Art. 90). el riesgo excepcional y las actividades peligrosas*. Bogotá: Temis, 2000, p. 45.

mento para la valoración del daño, es decir, se sigue necesitando el análisis de la misma en el juicio para imputar responsabilidad al Estado, cuando en principio el Constituyente quiso darle otra perspectiva a la responsabilidad.

1.2.2. Evolución del artículo 90 en la jurisprudencia nacional

Reconocidos tratadistas nacionales han analizado la evolución jurisprudencial del artículo 90 de la Constitución Política, señalando los matices que la Corte Constitucional y el Consejo de Estado han ido introduciendo respecto de su aplicación. A manera de ejemplo, el profesor Alier Hernández, entre otros doctrinantes,[30] expone magistralmente las etapas de desarrollo jurisprudencial de esta disposición, por lo que seguiremos sus comentarios en esta parte.

Se ha establecido que la jurisprudencia, en una primera etapa del artículo 90, se inclinó por la tesis de que el nuevo régimen de responsabilidad estatal era de manera exclusiva de tipo objetivo, por lo que entonces se pensó que en cualquier caso era innecesario demostrar que el órgano o la entidad estatal había incurrido en una falla en la prestación del servicio. Esta interpretación se presentó al parecer por la forma en la cual se encuentra redactado el artículo, debido a que no hizo mención expresa del criterio de la culpa: artículo 90: "El Estado responderá patrimonialmente por los daños antijurídicos que le sean imputables, causados por la acción o la omisión de las autoridades públicas".[31]

En este orden de ideas, la tesis que consideró que el artículo 90 establece la responsabilidad objetiva del Estado, según el Consejo de Estado, atiende a la premisa de que ya no se exige que el perjuicio o la lesión se hayan ocasionado antijurídicamente, sino en que exista "un perjuicio antijurídico en sí mismo, desvinculado de la licitud o ilicitud de la actuación".[32]

Sin embargo, esta interpretación es correspondiente y adecuada al propósito que tuvo el constituyente de hacer que la atención se centrara en el daño y en la necesidad de proteger de manera prioritaria a la víctima, garantizando su reparación, independientemente de la discusión de si se cumplió el pro-

---

[30] Hernández, *Responsabilidad del Estado*; Hernández, *Responsabilidad patrimonial extracontractual del Estado colombiano*, Tamayo, *La responsabilidad del Estado*, citados.

[31] "Tal conclusión se fundó en el hecho de que la norma no calificó la acción o la omisión de las autoridades públicas generantes del daño, lo que sí hizo, en cambio, al regular la acción de repetición, cuando aludió, expresamente, a la conducta "dolosa o gravemente culposa" del agente estatal, para efectos de que el Estado pudiera repetir en contra suya". Hernández, *Responsabilidad del Estado*, op. cit., p. 24.

[32] Ibíd. p. 25.

cedimiento indicado por la ley, cuestión que, aunque será determinada por el Juez, no afecta la circunstancia de la reparación a la víctima. Por lo mismo, la finalidad de la norma es clara: hacer responsable al Estado del daño.

Subsiguientemente, la jurisprudencia da un giro en su posición y se modera la concepción de que la responsabilidad estatal es objetiva, dejándola como la regla general pero admitiendo que para ciertos casos se puede presentar la falla del servicio. El Consejo de Estado[33] señaló que esta excepción a la regla general, basada en la readmisión del título de la falla del servicio, que en el régimen de responsabilidad anterior a la Constitución de 1991 se deducía a partir del incumplimiento de un deber estatal, opera en el nuevo régimen de responsabilidad objetiva del artículo 90, cuando se está frente al incumplimiento de obligaciones de medio del Estado.

Ahora bien, esta tendencia reductora de la responsabilidad, inicialmente considerada objetiva, se agudizó con el fallo del Consejo de Estado de 13 de julio de 1993,[34] donde la corporación concluyó que la responsabilidad extracontractual de la administración, pese al cambio constitucional, continúa siendo por regla general de naturaleza subjetiva, con la falla del servicio como principal título jurídico de imputación, aunque da por cierto que existen otros títulos cuyo uso es excepcional.

En consecuencia se da un giro interpretativo radical en menos de una década, pasando de admitir la responsabilidad objetiva a prácticamente negarle su existencia.

Deteniéndonos en este punto, es claro que la novedad constitucional generó desconcierto interpretativo en la jurisprudencia, de alguna forma causada por el interés en reivindicar el proteccionismo de la actual Constitución, buscando aplicar la norma de forma similar a la concepción más limitada que tienen ciertas teorías foráneas, de tratadistas españoles especialmente.[35] Además del cambio en la concepción, al invertir la regla general del artículo 90 de la responsabilidad objetiva a la subjetiva encabezada por el título de la falla del servicio, la jurisprudencia del Consejo de Estado[36] continuó con

---

[33] Ibíd. p. 26.

[34] Ibíd. p. 29.

[35] Tamayo, op. cit., p. 29.

[36] Colombia. Consejo de Estado, Sala de lo Contencioso Administrativo, Sección Tercera, Sentencia del 2 de marzo de 1993, Exp. 7429, Consejero Ponente: Carlos Betancur Jaramillo.

su reconstrucción de los regímenes de responsabilidad estatal anteriores a la Constitución de 1991, volviendo a incorporarlos en sus fallos pese al sentido del artículo 90, lo que en palabras de Hernández supone que "se prescindió de la norma mencionada" para extender su alcance y cambiar radicalmente su contenido en la práctica.

A continuación veremos la explicación dada por el Consejo de Estado sobre el cambio en la interpretación del artículo 90. Cabe señalar que no compartimos sus afirmaciones en cuanto a que la Constitución hizo muy amplia la responsabilidad y que no borró los títulos anteriores.

El tema no debe centrarse en si la responsabilidad es o no estrictamente objetiva. Con independencia de que se admita esa hipótesis, no hay que perder de vista la pregunta fundamental, a saber, ¿cuál es el análisis del daño como tal? Es importante enfocar el examen en si el daño es o no soportable o si es excesivo, lo que en última instancia define si es o no antijurídico y por lo tanto si obliga al Estado.

Tampoco se puede limitar el entendimiento del nuevo modelo de responsabilidad con la tesis de que se debe preservar el sistema de fuentes del derecho administrativo, entre ellos la jurisprudencia pues, si bien el artículo no entra en esa discusión, que en su momento sí abordó el Constituyente, es claro que incluso el sistema de fuentes está sometido al orden constitucional, por lo que los precedentes deben entenderse y eventualmente actualizarse conforme al conjunto de valores y principios garantistas que consagró la Constitución.

El Consejo de Estado argumenta que "la nueva Constitución, a pesar de su amplitud en materia de responsabilidad, no la hizo exclusivamente objetiva ni borró del ordenamiento la responsabilidad por falla del servicio, ni por cualquiera otra fuente de las aceptadas por el derecho administrativo. Las nociones de imputabilidad y de daño antijurídico así lo dan a entender".[37]

---

[37] Esta idea se complementa y recoge posteriormente con lo afirmado por la Corte Constitucional en la sentencia T-291 de 1993 ya citada, en la cual la corporación armoniza la aplicación del artículo 90 de la Constitución con el artículo 86 del Código Contencioso Administrativo, señalando que, "[L]a acción de reparación directa es uno de los mecanismos de concretar la responsabilidad patrimonial estatal de que habla el artículo 90 de la Carta. La mencionada acción caduca, según el artículo 136 del Código Contencioso Administrativo, al "vencimiento del plazo de dos (2) años contados a partir del acaecimiento del hecho, omisión u operación de la administración o de ocurrida la ocupación temporal o permanente del inmueble de propiedad ajena por causa de trabajos públicos".

Pero estos planteamientos, al parecer de retroceso, serían avalados por la Corte Constitucional "guardiana" de la Constitución Política, en la sentencia C-333 de 1996.[38] En esta providencia la Corte Constitucional retoma las afirmaciones sentadas por el Consejo de Estado y aclara que la norma del artículo 90 es el eje de un amplio concepto de responsabilidad estatal en estos términos:

> Para esta Corporación el inciso primero del artículo 90 consagra la cláusula general de responsabilidad patrimonial del Estado y comprende por ende no sólo la responsabilidad extracontractual sino también el sistema de responsabilidad precontractual (derivado de la ruptura de la relación jurídico-administrativa precontractual) así como también la responsabilidad patrimonial del Estado de carácter contractual.

Como se expone, la Corte Constitucional coincide entonces con los criterios desarrollados por la Sección Tercera del Consejo de Estado, juez especializado en el campo de responsabilidad estatal. Según la Corte, los criterios lentamente construidos por la jurisprudencia administrativa en materia de responsabilidad del Estado han recibido una expresión constitucional firme en el artículo 90, que, reiterando lo anotado, representa entonces "la consagración de un principio constitucional constitutivo de la cláusula general de responsabilidad patrimonial del Estado, tanto la de naturaleza contractual como la extracontractual". Por ello dedujo que dicho artículo "es el tronco en el que encuentra fundamento la totalidad de la responsabilidad patrimonial del Estado, trátese de la responsabilidad contractual o de la extracontractual".

En similar sentido concluye la corporación señalando que es posible encontrar que los títulos de imputación son diferentes, según la situación de que se trate, para dar plena cabida a la tesis del Consejo de Estado acerca de la supervivencia de la falla del servicio, como título jurídico de imputación de responsabilidad de carácter principal, lo que supone que se deberá analizar la negligencia o culpa de la autoridad estatal, en algunos casos según la Corte, porque en otros será objetiva: "así, en determinados casos se exige la prueba de la culpa de la autoridad, en otros ésta se presume mientras que en algunos eventos de ruptura de la igualdad ante las cargas públicas la responsabilidad es objetiva".

---

[38] Colombia. Corte Constitucional, sentencia C-333 de 1996, op. cit.

De nuevo, entonces, se abre aparentemente un panorama más claro de interpretación del artículo 90, pero simultáneamente también se abre espacio para confusiones o, lo que es más complejo, indefiniciones, debido a que se deja a criterio del juez la determinación de cuándo hay necesidad o no de demostrar la culpa y de cuándo se aplica plenamente la responsabilidad objetiva basada en la existencia de un daño antijurídico, que fue lo que en ultimas quiso hacer el Constituyente.

Por lo tanto, en este punto es importante recordar esa intención del Constituyente de 1991, acorde a la explicación sobre lo que en su concepto sería el nuevo régimen de responsabilidad del Estado, que vendría a plasmarse en el artículo 90 de la Constitución:

> Conviene señalar que el régimen que se propone en materia de responsabilidad del Estado no se limita a su mera consagración expresa a nivel constitucional, sino que, además, incorpora los más modernos conceptos sobre la materia, consistentes en radicar el fundamento de esa responsabilidad en el daño antijurídico y en su imputabilidad al órgano estatal. De esta manera se resuelve el problema que hoy ya plantea la evidente insuficiencia del criterio de la llamada "falla del servicio público", dentro del cual no caben todas las actuales formas y casos de responsabilidad patrimonial tales como el de la "responsabilidad por daño especial".[39]

En síntesis, desde 1991 la Corte Constitucional y el Consejo de Estado han venido construyendo las bases del nuevo régimen de responsabilidad patrimonial del Estado en Colombia, que en la segunda etapa de su desarrollo jurisprudencial admite los títulos de imputación pre-constitucionales (falla del servicio). Sin embargo, las reflexiones de estas corporaciones carecen de innovaciones recientes y en algunos casos se ven alejadas de la norma constitucional, faltando aún desarrollo pleno de este mandato conforme a la manera como lo previno desde el comienzo la propia Asamblea Nacional Constituyente, cuya intención, según lo expuesto, consiste "en radicar el fun-

[39] Colombia. Asamblea Nacional Constituyente, Gaceta Constitucional n° 56, Bogotá D.E., 22 de abril de 1991, p. 47.

damento de esa responsabilidad en el daño antijurídico y en su imputabilidad al órgano estatal".

Finalmente, en los años posteriores de desarrollo jurisprudencial del artículo 90, el profesor Hernández explica que se vislumbró la intención del Consejo de Estado de atender los dos pilares mencionados por la Asamblea Constituyente, "tratando de explicar, en primer lugar, el contenido y el alcance de los dos elementos estructurales de dicha responsabilidad, esto es, el daño antijurídico y su imputabilidad al Estado y de precisar, en segundo lugar, la naturaleza del régimen de responsabilidad que dicha norma contiene".[40]

No obstante, las conclusiones sobre el particular y los planteamientos jurisprudenciales se han hecho a propósito de casos concretos, sin que hasta ahora se tengan definidas y suficientemente decantadas las líneas interpretativas. El Consejo de Estado ha intentado explicar el nuevo enfoque constitucional de responsabilidad del Estado, lo que en la práctica genera incertidumbre para el resto de los operadores, pues el tribunal especializado no ha sido suficientemente preciso a la hora de identificar el sentido y alcance del artículo 90.

[40] Hernández, *Responsabilidad Patrimonial Extracontractual.* op. cit., p. 106.

2. Régimen de responsabilidad del legislador

2.1. Consideración inicial

En este aparte se presentarán los principales elementos expuestos por la doctrina extranjera sobre la responsabilidad del legislador. Nos limitamos a unos aspectos generales, precisando que hay diferencias entre los ordenamientos. Sin embargo, las conclusiones pueden trasladarse al caso colombiano.

De otra parte, este trabajo pretende evidenciar que las normas que regulan materias económicas, y especialmente las tributarias, merecen que tanto el legislador como el órgano que posea la iniciativa para presentarlas tengan un especial cuidado en su construcción y en particular en su modificación o derogatoria.

Este estudio se dirige a demostrar cómo la falta de previsión en la derogatoria o modificación de las normas que regulan exenciones tributarias puede llegar a vulnerar el derecho a la propiedad y a faltar, en casos concretos, a la equidad y a la proporcionalidad propias del deber de contribuir, trayendo implicaciones desfavorables en el patrimonio de los particulares, así como puede llegar a tenerlas en el del Estado de reconocerse su responsabilidad en la producción de ese daño.

En el patrimonio del particular se crea una inequidad, un empobrecimiento que rompe el equilibrio y que constituye un daño antijurídico generador de un crédito a favor del particular, en aplicación del artículo 90 de la Constitución. En el patrimonio estatal, también dicha conducta generaría consecuencias negativas, pues si el Estado es responsable de un daño antijurídico, la consecuencia lógica deberá ser la de indemnizarlo. Dichas situaciones serán analizadas más adelante, en los capítulos tercero y cuarto.

En el capítulo tercero no nos detendremos en el análisis detallado del tipo de régimen en el cual se suscribe la responsabilidad del legislador en Colombia o en si ésta es operativa por leyes constitucionales o por leyes declaradas inconstitucionales, porque el objeto de este estudio por su especificidad se satisface organizando el panorama normativo y jurisprudencial actual, reinterpretando y extendiendo su alcance proteccionista. Los detalles para perfeccionar el régimen de la responsabilidad del legislador se irán sistematizando legal y jurisprudencialmente a partir de propuestas como la presente.

Como se verá en el capítulo cuarto, la propuesta se centra en lo atinente a la existencia del daño antijurídico producto de la modificación o derogación de una norma tributaria, en el consecuente deber de indemnizar el perjuicio que se produce en el patrimonio del particular, en la posibilidad de endilgarle responsabilidad al legislador por sus actuaciones, como la tienen las demás ramas del poder público, conforme al artículo 90 de la Constitución.

Dicha propuesta se sustenta jurídicamente en la norma constitucional del artículo 90, que esta investigación estimó suficiente para hacer operativa la responsabilidad del legislador, tratándose de normas de naturaleza tributaria.

Asimismo, porque la Asamblea Nacional Constituyente y la Corte Constitucional han señalado que dicho artículo es una cláusula general de responsabilidad estatal y, por lo tanto, puede tener aplicación directa para la declaratoria de responsabilidad del legislador con la consecuente reparación, máxime en situaciones en las que se vulnera la confianza del administrado. Finalmente, cabe agregar que la hipótesis de estudio se alimenta en diversas providencias y posiciones jurisprudenciales de los tribunales nacionales y en reflexiones de la autora, encaminadas a demostrar que las mismas circunstancias de responsabilidad extracontractual también se pueden predicar respecto del legislador, lo cual reviste la propuesta de validez.

2.2. Régimen de responsabilidad del legislador

A manera de introducción, sobre el régimen de responsabilidad del legislador es importante afirmar que, en la mayoría de los ordenamientos donde se ha venido reconociendo, se encuentran presentes los mismos elementos que se tienen en Colombia acerca de la responsabilidad general del Estado: la actuación de una autoridad u organismos de carácter público, el daño antijurídico y el nexo causal. A partir de ellos, entonces, se puede configurar responsabilidad legislativa por vía objetiva o subjetiva, distinción que en palabras de Restrepo depende de "si es solamente el daño el que es antijurídico o si la conducta es también violatoria de la Ley".[1]

---

[1] Restrepo, op. cit., p. 16. En ese sentido, la distinción dependerá de si lo que se considera antijurí-

Sobre los orígenes del tema, remitimos al estudio que en el derecho comparado hace el profesor Santamaría Pastor,[2] *La teoría de la responsabilidad del Estado legislador*, trabajo de obligada consulta, donde el autor analiza minuciosamente su evolución.

La responsabilidad del legislador se asocia forzosamente a la protección del derecho a la propiedad.[3] A través de este nuevo fenómeno se busca que el Estado repare la lesión patrimonial que surge del uso de la potestad legislativa. Si bien ha tenido una incidencia casi imperceptible en la teoría general de la responsabilidad, con grandes creaciones jurisprudenciales para tratar de deslegitimar su aplicación, éstas solo evidencian una contradicción entre los principios y las finalidades del Estado de Derecho y el mantenimiento de la impunidad frente a los excesos del poder en su forma legislativa. Tal circunstancia adquiere una dimensión trascendental tratándose de la legislación tributaria, donde se aprecia con mayor envergadura la dominación del Estado por el poder de imperio que representa el establecimiento de la carga tributaria.

La forma en la cual el Estado (legislador) entra a crear o modificar situaciones jurídicas relacionadas con la propiedad (mediante la ley) no puede escapar al reproche desde el punto de vista jurídico. Si bien existe la responsabilidad de tipo político, ésta no responde ni a la estructura ni a la finalidad de los demás tipos de responsabilidad.[4] De la actuación legislativa se derivan importantes consecuencias respecto del patrimonio de los individuos que merecen ser estudiadas y que requieren soluciones; estos aspectos han sido analizados por los economistas para tratar de llamar la atención sobre la forma en la cual la "elección pública" incide de manera favorable o desfavorable sobre

---

dico es simplemente el daño o si también se entrará a valorar la conducta, para establecer si fue violatoria de la ley, es decir, si se tendrá en cuenta el criterio de la culpabilidad en la producción del daño.

[2] Santamaría Pastor, Juan Alfonso. "La teoría de la responsabilidad del Estado legislador". En: *Revista de Administración Pública*. Centro de Estudios Políticos y Constitucionales, n° 68, pp. 57 y ss.

[3] "Por lo demás la responsabilidad del Estado Legislador tiene un ámbito de aplicación muy amplio ya que las lesiones patrimoniales que se pueden imputar a las leyes no tienen por qué tener necesariamente su origen en una aplicación administrativa de la ley sino que pueden surgir directamente de ella o nacer en el seno de relaciones jurídicas entre particulares." Galán Vioque, Roberto. *La Responsabilidad del Estado Legislador*. Barcelona. Cedecs. 2001, p. 34.

[4] Al respecto el profesor García de Enterría señala: "En todo caso, lo que resulta más que evidente es que hay diferencias sustanciales entre la responsabilidad política de los gobernantes y la responsabilidad patrimonial de los órganos públicos". *La responsabilidad patrimonial del Estado Legislador en el derecho español*, 1ª ed., Thomson Civitas, 2005, p. 89.

la actividad económica, por lo que afirman: "Cualquiera que sea el origen de nuestras leyes y costumbres, el marco jurídico influye poderosamente en la actividad económica".[5]

El origen de la teoría de la responsabilidad del legislador, según Santamaría, se ubica a lo largo de todo el siglo XIX en Francia, primero en los tribunales que en la doctrina, siendo general "el dogma de la irresponsabilidad del Estado por actos legislativos (y reglamentarios) [...] sin una previa base doctrinal que le sirva de justificación".[6] Esta posición, propia de la jurisprudencia de Duchatelier, imperó por varios años en Francia.

Otros tratadistas han destacado los aportes de la Revolución Francesa al régimen de responsabilidad de los poderes públicos, con la introducción del derecho de propiedad y la "positivización" del principio de igualdad ante las cargas públicas, los que le permiten a los ciudadanos "ser indemnizados por los daños patrimoniales individualizados —distintos de la privación de derechos— producidos por una actuación pública".[7]

En cuanto al modo como se desenvolvió la discusión refiere el manejo que se les dio, por algún tiempo, a algunas leyes en materia económica que reconocían indemnizaciones a los particulares que resultaran afectados con su expedición, criterio que comenzó a eliminarse hacia 1835. Esa posibilidad representa el temprano reconocimiento de los efectos indeseables de la ley sobre el patrimonio de los particulares, principalmente de leyes que regulan temas económicos, dentro de las que se pueden ubicar las normas tributarias, planteamiento del que se ocupa este trabajo.[8]

Así se evidencia que aún en la primera parte del siglo XIX, ajena a todos los avances en mecanismos proteccionistas y a la abundancia de las normas garantistas actuales, se consideró que las leyes que regulan temas económicos

---

[5] SAMUELSON, Paul A. y NORDHAUS, William D. *Economía*. Decimocuarta ed. McGraw-Hill, 1993, p. 365.

[6] SANTAMARÍA PASTOR, op. cit., pp. 70 y ss.

[7] GALÁN VIOQUE, op. cit., p. 72.

[8] "El tema de la reclamación pecuniaria contra la Administración por daños causados por actos legislativos se plantea muy tempranamente a la jurisdicción francesa, mucho antes de haber sido examinado científicamente por la doctrina. Con toda probabilidad, la causa de su planteamiento se debió a la estructura inicial del sistema de responsabilidad, basado en reconocimientos efectuados por leyes especiales. Durante el primer tercio del siglo, *la generalidad de las leyes de reforma económica respetaron el principio de indemnización a los particulares afectados*; pero este criterio comienza a romperse con la Ley de 12 de febrero de 1835" (Cursivas fuera de texto). SANTAMARÍA PASTOR, op. cit. p. 14.

debían admitir cierto tipo de trato diferencial a los destinatarios que resultaran afectados en su patrimonio por la aplicación de las mismas. Aunque posteriormente, como lo advierte Santamaría, se retrocediera, negando la responsabilidad legislativa por el dogma de la soberanía de la ley y por considerarse que el legislador actúa atendiendo al interés general, llama la atención que en la primera mitad del siglo XIX en Francia se haya previsto alguna consecuencia indemnizatoria para los daños patrimoniales producidos por la ley y, más aún, que haya sido el mismo legislador quien haya formulado tal solución para aliviar el perjuicio.

Más adelante Santamaría expone cómo se consolidó a finales del siglo XIX la teoría de la irresponsabilidad legislativa en Francia, apoyada en la soberanía de la ley. Los argumentos se van a centrar entonces en la excepcionalidad de la responsabilidad por el hecho de la ley y en el establecimiento de una serie de trabas para hacerla efectiva. En ese sentido se sienta la tesis de que solo compete al mismo legislador establecer, mediante la ley, en qué casos y por qué razones procederá la indemnización de los daños que origina la expedición de ésta. Es decir, el legislador será en cada caso autónomo para determinar si se justifica o no establecer alguna cláusula que permita a los afectados obtener una indemnización[9]. En otras palabras, ¿el legislador será su propio juez en materia de responsabilidad? ¿Podría interpretarse tal postura como una forma de "justicia retenida legislativa" al tratarse de las consecuencias de la ley? ¿No tendría acaso el legislador un conflicto de intereses en la fijación o no de un régimen de responsabilidad para cada caso? ¿Podría considerarse que el régimen de responsabilidad legislativa es general, si en cada caso el mismo legislador puede establecer las reglas, los supuestos y elementos de su responsabilidad?

Desde aquella época también se ha defendido la irresponsabilidad patrimonial legislativa, presentando como "salida" o "recurso procedente" para

---

[9] Al citando al doctrinante Laferriere quien afirma: "Es una cuestión de principio el que los daños causados a los particulares por las medidas legislativas no determinen derecho alguno a indemnización. La Ley es, en efecto, un acto de soberanía, y lo propio de la soberanía es imponerse a todos sin que frente a ella pueda reclamarse ninguna compensación. Solamente el legislador puede apreciar, a la vista de la naturaleza y gravedad del daño y de las necesidades y recursos del Estado, si debe acordar tal compensación: la jurisdicción no puede sino evaluar el montante de la misma, sobre las bases y en las formas previstas por la Ley. De todo lo que precede resulta que las cuestiones de indemnización que nacen de la ley no derivan sino de la ley; la jurisdicción administrativa no puede conocer de una acción tendente a establecer una indemnización a cargo del Estado, salvo si el mismo legislador ha creado tal acción". Santamaría Pastor, Ibíd., pp. 73 y ss.

"juzgar" los errores de esta rama del poder, casi exclusivamente la responsabilidad política. Al respecto, disentimos señalando que esta propuesta contiene el efecto pernicioso de *limitar el acceso a la administración de justicia*, puesto que el juez es el llamado a resolver sobre la reparación de los daños generados por la actividad del Estado (legislador), con independencia de la conducta personal de las autoridades. No puede reducirse la responsabilidad legislativa a una responsabilidad de tipo político, pues ésta no prevé ninguna consecuencia relevante para el mundo jurídico, por ejemplo, de tipo patrimonial (resarcimiento del daño). Tampoco permite solucionar las afectaciones causadas por leyes en materia económica.

Vista brevemente la resistencia a admitir este tipo de responsabilidad, en años posteriores el avance de la jurisprudencia del Consejo de Estado francés comenzaría a introducir en sus sentencias un reconocimiento a favor de quienes se vieran perjudicados por la aplicación de las leyes. Partiendo de analizar la finalidad que tienen la ley en el *arrêt* premier et. Henry[10] llegó luego en el *arrêt* Société Ammanfirmery de 16 de marzo de 1934 a señalar que la aplicación de las normas podría llevar a indemnizar a los particulares perjudicados con esa aplicación. Sin embargo, estos planteamientos, que seguían siendo tímidos, abrirían la puerta para que se llegara finalmente a hacer un reconocimiento indemnizatorio en concreto en el *arrêt* Société Anonyme des Produits Laitiers "La Fleurette", de 14 de enero de 1938. Este fallo es asertivo sobre la posibilidad de que dicha responsabilidad genere una obligación del Estado, aunque la actuación de la autoridad legislativa sea acorde al interés general: "nada, ni el texto mismo de la Ley o en sus trabajos preparatorios, ni en el conjunto de las circunstancias del caso, permite pensar que el legislador ha pretendido hacer soportar al interesado una carga que no le incumbe normalmente; que esta carga creada en interés general, debe ser soportada por la colectividad".[11]

Este fallo que el profesor García cataloga de sencillo y cauteloso, hito en materia de responsabilidad estatal, fue muy significativo y sus conclusiones cobran tal vigencia hoy, cuando se entra a evaluar qué formula permite explicar el fenómeno de atribución de responsabilidad al legislador, básicamente porque fundamenta la indemnización en la necesidad de *equilibrar la carga*

---

[10] Ibíd., pp. 85 y ss.

[11] García de Enterría, op. cit., pp. 176 y ss, citando el célebre fallo del Consejo de Estado francés.

pública, cuestión que en materia tributaria se hace palmaria, teniendo en cuenta el contenido de los principios de capacidad contributiva y equidad, pues si el ciudadano contribuye (es gravado) con base en su capacidad y el legislador luego genera un desequilibrio, haciéndole "soportar al interesado una carga que no le incumbe normalmente;" la consecuencia necesaria, más que eliminar o declarar inconstitucional la ley, es restablecerla por medio de una indemnización que se paga con el presupuesto público, lo que en el fallo "La Fleurette" se resume en "debe ser soportada por la colectividad".[12]

Nótese además que a lo que se refirió entonces el Consejo de Estado francés fue a que la ley podría dar lugar a indemnizar a los particulares que resulten perjudicados, planteamiento importante porque hace referencia a un hecho objetivo, no al cuestionamiento de la forma o a si hubo culpa en el trámite que le dio el legislador, es decir, se prescinde del análisis del elemento culpabilidad, lo que permite afirmar que se estaría frente a una responsabilidad objetiva basada en un daño y no en la conducta de la autoridad.

Así, el famoso *arrét* Société Anonyme des Produits Laitiers "La Fleurette", de 14 de enero de 1938, abre la posibilidad de acceder a indemnizaciones modificando la concepción de resistencia inicial, sirviendo de punto de partida a las distintas teorías que se fueron elaborando sobre el tema.[13]

---

[12] Como bien lo expresa el profesor Santamaría, "el conflicto entre la soberanía de la ley y el principio de igualdad ante las cargas públicas se resuelve a favor de este último". A renglón seguido, el mismo autor explica que, pese a la admisión de la responsabilidad que se hizo en este fallo, es paradójico cómo el Consejo de Estado, en todo caso, exigía ciertos requisitos para su procedencia, llegando más adelante a limitar demasiado su propia tesis: "El silencio de la ley sobre la indemnización no constituye una presunción *iuris et de iure* sobre la exclusión del resarcimiento, sino una presunción *iuris tantum* que puede ser destruida mediante la prueba contraria de que el legislador no pretendió evitar la indemnización. No basta, sin embargo, para conferir derecho a indemnización, la prueba de la voluntad presunta del legislador. El propio *arrét* "La Fleurette" hace referencia a otros índices o requisitos, que han sido precisados por una abundantísima jurisprudencia posterior, generalmente desestimatoria de las pretensiones de los reclamantes. Tras la generosa doctrina sentada en este *arrét de principe*, la avalancha de demandas de responsabilidad adquirió tales caracteres que han forzado al *Conseil d'Etat* a recortar su tesis, limitando el derecho al resarcimiento a sus justos límites". Ibíd. pp. 85 y ss.

[13] Sin embargo, García de Enterría aclara que sólo en tres ocasiones desde "La Fleurette" el Consejo de Estado francés ha entrado a reconocer ese tipo de indemnizaciones por el hecho de las leyes o convenios internacionales: "Caucheteux et Desmomd, de 21 de enero de 1994: perjuicio sufrido por una empresa especializada en la producción de glucosa para la producción de cerveza por razón de una ley que limitó el porcentaje de otros productos distintos de la malta de cebada (supuesto análogo a La Fleurette...), [...] Bovero, de 25 de febrero de 1963: derecho de un propietario a ser indemnizado al no

En el derecho francés más adelante se aclara y se define de mejor forma el fundamento de responsabilidad legislativa, como lo anota el profesor Santamaría, con el famoso *arrét* Bovero, del 23 de enero de 1963, en el cual, según el autor, "el Conseil d'Etat prescinde [...] de las ficticias invocaciones a la voluntad del legislador para fundamentar su fallo directamente, [...] en el principio de igualdad ante las cargas públicas". En este mismo sentido el constituyente nacional quiso ampliar el régimen de responsabilidad admitiendo la responsabilidad objetiva, basada en el daño, teniendo en cuenta que es antijurídico porque desequilibra las cargas públicas.

Continúa Santamaría Pastor explicando que "al desplazar el centro de gravedad al principio de igualdad ante las cargas públicas, el Conseil d'Etat viene a subsumir la responsabilidad del Estado legislador en el marco general de la responsabilité de droit commun, desvinculándolo de todo problemático intento de investigación de la *voluntas legislatoris*, para sujetarlo a las reglas generales de la responsabilité sans faute".[14] De esta forma se conformó el régimen de responsabilidad objetivo o sin falta en Francia, aunque no sin resistencias que lo consideraran nocivo.

Ahora bien, como se mencionó atrás, el tema de la responsabilidad del legislador en otros ordenamientos jurídicos se ha venido construyendo dentro del régimen general de responsabilidad del Estado, siendo adecuado y posible que así sea, por ser el legislador uno de los órganos del poder público.

Sobre la necesidad de determinar el régimen de responsabilidad que se aplicaría al legislador a efectos de precisar si se requiere de una declaración de inconstitucionalidad de la ley propia del régimen subjetivo,[15] o si basta con la acreditación de la antijuricidad del daño, como se verifica en los regímenes objetivos, prescindiendo en ambos casos del examen particular de la conducta,

---

haber podido recuperar sus locales por virtud de una norma de valor legislativo que prohibió el desahucio de las familias de los militares situados en Argelia.

[14] Santamaría Pastor. op. cit., p. 94.

[15] Como lo afirman Fernández de Aguirre y Fernández: "si se ha declarado la responsabilidad del legislador cuando de una Ley ajustada a la Constitución se trata, con mayor razón habrá que entender que la responsabilidad puede declararse cuando el supuesto perjuicio deriva de una Ley disconforme con la Norma Fundamental, y así lo ha declarado el Tribunal Constitucional. La responsabilidad patrimonial del Estado: evolución y examen de la doctrina general", "Responsabilidad Patrimonial del Estado legislador, administrador y juez". En *Cuadernos de Derecho judicial, Responsabilidad patrimonial del Estado legislador, administrador y juez*. N° 2- 2004, Centro de documentación judicial, Consejo General del Poder Judicial. p. 390.

es ilustrador el comentario que hace la profesora Alonso García afirmando que "la exigencia de deber compensatorio al Parlamento [...] plantea, la indagación [...] del régimen de responsabilidad que ha de regir la misma, estableciendo claramente el lugar de ubicación de la antijuridicidad".[16]

En el caso de los hechos derivados de la conducta del legislador es claro que la simple declaración de inconstitucionalidad de la ley por sí misma tampoco lleva a la eliminación del daño antijurídico en el patrimonio de la víctima, quedando dicha sentencia como título para demandar la reparación del daño. En Colombia el CCA no se opone a la posibilidad de que los tribunales contenciosos conozcan de los juicios de responsabilidad contra el legislador, pues, según el artículo 86, la acción se dirige a reparar el daño por un hecho u omisión y es ésta la jurisdicción encargada de los juicios de reparación contra el Estado, que, como lo precisa el artículo 113 de la Constitución Nacional, está compuesto por las tres ramas del poder público, entre ellas el legislativo.

En los apartes subsiguientes se explica en términos generales, de acuerdo con la doctrina, la forma en la cual se concreta cada uno de estos regímenes, tratándose del legislador.

2.3. Configuración de la responsabilidad subjetiva del legislador

Para que se considere que existe responsabilidad subjetiva por parte del legislador, como acontece en el régimen general, se requiere igualmente que el demandante o afectado demuestre que el imputado incurrió en el desconocimiento o incumplimiento de unos parámetros de conducta que le son exigibles y están previamente determinados para que sea posible atribuirle el deber de indemnizar el daño. Adicionalmente, ese incumplimiento debe ser la causa eficiente que generó el daño.

Alonso García audazmente señala qué condiciones deben presentarse para hablar de responsabilidad subjetiva del legislador y cómo se valoraría la antijuridicidad en tales supuestos: "si esta [la antijuridicidad de la conducta] se sitúa en el autor de la norma, [el legislador] la obligación resarcitoria solo se producirá (1) bien ante una actuación culposa [...] en la tramitación

---

[16] Alonso García, María Consuelo. *La responsabilidad patrimonial del Estado-Legislador*. Marcial Ponds, Ediciones Jurídicas y Sociales, Madrid 1999, p. 80.

o aprobación [de la ley], (2) bien ante la violación de una regla de superior jerarquía, (3) o bien por una actuación anormal del mismo"[17].

Vemos que la autora identifica al menos tres supuestos que pretenden la demostración de la falta cometida en el procedimiento que lleva a la expedición de la ley, falta que sería aún más tangible en el momento en que se produzca la declaratoria de inexequibilidad de la Ley por no encontrarse conforme a la Constitución.

En cualquiera de los tres casos, el parámetro de conducta incumplido por el legislador es el mismo y sería básicamente faltar a la obligación de hacer las normas dentro de los límites fijados por la Constitución. La declaración de responsabilidad es posible gracias al control de constitucionalidad posterior de la ley. No obstante, algunos doctrinantes plantean la cuestión de si la admisión de la responsabilidad del legislador atenta contra la libertad de configuración de la ley que tiene el mismo en el Estado de Derecho. Es decir, si además de estar limitado por las reglas constitucionales para crear la ley, puede entenderse que también tiene un límite consistente en tratar de salvaguardar el patrimonio de los administrados, so pena de incurrir en responsabilidad por los daños que derivan de su gestión:

> En definitiva, se debe reflexionar sobre si el legislador, limitado en el ejercicio de sus funciones por el control de constitucionalidad, también debe considerarse materialmente limitado por la garantía patrimonial de los ciudadanos, tal como se encuentra la Administración en la gestión de los servicios públicos, al ser ambas funciones, la legislativa y la de administración, manifestaciones de poderes del Estado.[18]

Al respecto, se considera que la garantía de los derechos y deberes de los ciudadanos, como mandato constitucional exigible al Estado, le impone a éste el deber de hacerlos efectivos, incluso, tratándose del poder legislativo.

Es claro entonces que las leyes, pese a calificarse como mandatos generales en principio y a contar con un control de constitucionalidad y/o de legalidad, pueden, en determinados supuestos, alterar gravemente las condiciones pa-

---

[17] Ibíd., p. 81.

[18] Quintana López, Tomás. "La responsabilidad del Estado legislador". En *Revista de Administración Pública*. Editores, Centro de Estudios Políticos y Constitucionales, nº 135, 1994, p. 105.

trimoniales de algunos sujetos, situación que escapa de cierta forma al control de constitucionalidad general.

Un ejemplo para ilustrar se da cuando el perjuicio por la ejecución de la Ley se materializa en unos casos concretos, por lo que allí los afectados no pueden cuestionar la constitucionalidad de la norma y no procede la acción de inconstitucionalidad. Se requeriría entonces de una declaratoria de responsabilidad del legislador en el caso concreto, con la consecuente indemnización.

En el mismo sentido, el ordenamiento prevé otras acciones de tipo particular para ejercer cuando hay perjuicios individuales, por lo que pretender que solo ante el control de constitucionalidad y la declaratoria de inexequibilidad procede la responsabilidad del legislador es ignorar, de una parte, que las leyes formalmente constitucionales pueden también generar daños y, de otra, que los ciudadanos cuentan con los demás instrumentos procesales para defender sus derechos.

Hacer depender la responsabilidad de modo exclusivo de la declaratoria de inconstitucionalidad de la ley es poner una tarifa altísima y casi imposible de cumplir en muchos casos para que sea procedente la indemnización cuando ha habido daños evidentemente antijurídicos derivados de su aplicación. En resumen, "no tiene sentido —y supone desconocer el elemental régimen de la responsabilidad por actos legislativos— afirmar que únicamente cabe la exigencia de responsabilidad cuando previamente se declara la inconstitucionalidad".[19]

Finalmente, el sistema subjetivo de responsabilidad estatal tampoco permite la declaratoria de responsabilidad del legislador en la práctica de forma completa, pues no garantiza la reparación del daño cuando la norma es declarada exequible, pese a que el daño exista y sea consecuencia de la misma ley. Por lo anterior, parece insuficiente este régimen de responsabilidad para solucionar los posibles yerros del legislador en casos concretos de daño antijurídico o en presencia de leyes exequibles, aunque no se descarta su importancia y vigencia.

2.4. Régimen objetivo de responsabilidad del legislador

El régimen objetivo, o de responsabilidad sin falta, también hace parte del régimen general de la responsabilidad del Estado, aunque cuenta con unos

[19] González Pérez y González Navarro. *Régimen jurídico de las administraciones públicas...*, p.1385, citado en Alonso García, op. cit., p. 98.

caracteres elaborados por la doctrina y la jurisprudencia[20] que le ha permitido a los afectados a partir de su aplicación la obtención de indemnizaciones en casos concretos.

Es importante anotar lo afirmado por Alonso García, quien lo vincula directamente al daño, es decir, como lo previo en nuestro sistema el Constituyente de 1991.

En cuanto a la ubicación del elemento antijuridicidad en este régimen, "si la ubicación de esta exigencia [la antijuridicidad] se realiza, por el contrario, desde un parámetro objetivo, anudándose la misma al concepto de lesión, bastará con la comprobación de un sacrificio especial en un concreto patrimonio para entender producido el deber de compensación".[21]

Si el elemento determinante es la materialización de un daño de carácter antijurídico, se tiene que este tipo de responsabilidad se configura de forma independiente a la producción o no de una falla o falta en la actuación del legislador, o a la comprobación o no de la misma, en el desarrollo de su función.

Será muy relevante la imputación del deber de responder por la necesidad de resarcir el daño producido. Se valora, entonces, la afectación anormal que la ley genera en el patrimonio del particular y la necesidad de equilibrar, a través de la indemnización, esa lesión que no tiene el deber de soportar:

---

[20] En similar sentido y continuando con la exposición la responsabilidad objetiva del legislador, es pertinente señalar lo expuesto por Quintana frente a los intentos de la Jurisprudencia española por unificar el régimen de responsabilidad del legislador, refiriéndose a una sentencia del 11 de octubre de 1991 (Art. n° 7784) del Tribunal Supremo donde se introduce como una de las causales de responsabilidad legislativa una de tipo "objetivo" si se quiere, que mira el daño producido y a partir de allí determina que el afectado merece una compensación. Pero no cualquier daño será relevante, sino el que sea antijurídico, teniendo en cuenta que el tribunal lo califica como aquel que "merece una compensación". Luego, al enfocarse en el resultado de la aplicación de la ley, no se está enfocando en el aspecto subjetivo de responsabilidad, sino en el objetivo, el daño. "En síntesis, se afirma la existencia de tres vías o, quizá, situaciones que originan la obligación del Estado de resarcir los daños causados por la aplicación de leyes: cuando éstas tengan un contenido expropiatorio de derechos, no de expectativas; cuando haya sido declarada la inconstitucionalidad de la ley que causa el daño y, en tercer lugar, cuando aun tratándose de Leyes no declaradas inconstitucionales y sin contenido expropiatorio, los resultados a que conduzca su aplicación «merezcan algún género de compensación»". QUINTANTA, op. cit., p. 116. También puede consultarse MESTRE DELGADO, Juan Francisco, "La responsabilidad del Estado Legislador". En *Cuadernos de Derecho Judicial, Responsabilidad patrimonial del Estado legislador, administrador y juez*. n° 2-2004, Centro de documentación judicial, Consejo General del Poder Judicial. p. 128.

[21] ALONSO GARCÍA, op. cit., p. 81.

> El sistema de responsabilidad en atención al cual la antijuridicidad se sitúa del lado de la lesión, prescindiendo de la noción de falta, es el utilizado en Francia para [...] la del legislador, constituyendo la pieza de toque del conjunto, que se aprecia ante una situación de desigualdad provocada por la norma legal que repercute perjudicialmente sobre un individuo respecto del resto de la colectividad.[22]

No se deja entonces de lado necesariamente la observación de la generalidad de la ley. Se mira y se utiliza como punto de comparación para determinar la afectación a un particular. Aquí vale la pena señalar que en realidad la referencia a la generalidad es un concepto abstracto, pues no se conoce con certeza quiénes son la generalidad. Debería hablarse más bien del grupo de personas o sector de destinatarios dentro de los cuales ciertos individuos se ven afectados.

La generalidad de una norma es un concepto relativo. Algunos individuos nunca llegan a percibir el efecto de ciertas normas, mientras que otros pueden ser beneficiarios o víctimas según la forma en la cual la norma incida sobre su situación particular. Por lo tanto, el recurso a la generalidad como paradigma para mantener la obra y a su creador (el legislador) lejos de la órbita de la responsabilidad es un argumento frágil.

Se defiende, promueve y legitima la irresponsabilidad legislativa recurriendo a la teoría de la representación y al principio democrático. Sin embargo, nos proponemos atacar ese mito. El resto de los órganos del Estado (ejecutivo, judicial, autónomos) claramente es sujeto de responsabilidad y cuenta con reglas para hacerla efectiva. ¿En realidad tiene mayor legitimidad la función de un legislador por ser un "representante" elegido "popularmente" y por eso debe ser irresponsable por su gestión? ¿Es acaso más "legitima" democráticamente la elección de un parlamentario?

La designación de los demás servidores públicos en Colombia por regla general se realiza a través de concurso público de méritos. Para desempeñar cargos se requiere estar calificado, demostrar el mérito y competir con los demás ciudadanos aspirantes, es decir, concursar, siendo medido con criterios altamente objetivos, no de simpatía, clientelismo o conveniencia como ocurre con la elección de los congresistas y sus grupos de seguidores.

---

[22] Ibíd., p. 99.

¿Qué otro mecanismo de provisión de cargos podría ser más democrático y legítimo? En los concursos, el ganador es quien obtiene el máximo puntaje, mientras que en la elección de representantes al órgano legislativo el método no es tan objetivo; simplemente gana el que obtenga una mínima mayoría, sin otra consideración (preparación, mérito, destreza, nivel de excelencia o experiencia del aspirante). Los criterios que se encuentran responden, por ejemplo, a la simpatía de los adeptos por la condición política, económica o clientelista del aspirante, en resumen, elementos puramente subjetivos y mediados por un interés particular. El porcentaje de parlamentarios que constituyen el voto de opinión es mínimo. Si esta regla está dada en función de permitir que las minorías lleguen a esos cargos, entonces deberían existir requisitos objetivos para unos y requisitos mínimos para los aspirantes de minorías, por ejemplo.

¿Hay, entonces, un principio democrático y una verdadera legitimidad o teoría de la representación que tenga efectos útiles y benéficos para el Estado y que merezca la pena ser amparada y, en ese orden de ideas, mantener a la función legislativa fuera de la órbita de la responsabilidad?

Esto sin agregar que el resultado de esa gestión es el que define y limita los derechos de las personas, y si genera consecuencias negativas en el patrimonio de los particulares éstos no le podrán reclamar ni esperar ser compensados por provenir el hecho causante del daño de un órgano irresponsable e inviolable que puede cometer errores que no le son atribuibles. ¿Podría equipararse ese poder al que otrora tenía el rey en el modelo de Estado absolutista?

Finalmente, cerrando la reflexión frente a estos paradigmas surge la pregunta, en cuanto el legislador solo cuenta con un tipo de "control" sobre el producto de su labor: el control de constitucionalidad: ¿Hay evaluación de desempeño o al mérito, indicadores de gestión u objetivos que evalúen la tarea legislativa? Si los congresistas respondieran por la calidad y adecuación de la ley a los principios, valores y normas de la Constitución, y conocieran las consecuencias de equivocarse, ¿acaso no se esmerarían en esta labor? Probablemente, si así fuera, dejaríamos de tener tantas sentencias de inconstitucionalidad y tantos "micos" y escándalos provenientes del legislativo.

Recientemente, como resume Restrepo,[23] algunos conceptos que se han utilizado y que han favorecido el reconocimiento de indemnizaciones por actos del legislador son la expropiación, el daño especial, los derechos adquiridos

---

[23] Restrepo, op. cit., p. 20.

y la aplicación del principio de confianza legítima. No nos detendremos en el análisis de éstos debido a que en los capítulos subsiguientes este estudio se enfoca principalmente en el análisis del principio del confianza legítima como fundamento del deber de indemnizar los daños ocasionados a los ciudadanos por la derogatoria o modificación de normas tributarias.

Además de las reflexiones anteriores, es interesante analizar la exposición que hace el profesor Mestre Delgado sobre cómo se fue creando en el derecho español "la fórmula de la acción de resarcimiento por perjuicios producidos por el legislador, así como el procedimiento aplicable".[24]

El autor refiere el origen del tema en el derecho español a algunas declaraciones del Tribunal Constitucional, formuladas como *obiter dicta*, de las cuales afirma "comenzó a extraerse, en la jurisprudencia del Tribunal Supremo, la consecuencia de la existencia de una responsabilidad derivada de la promulgación de Leyes". Señala que se identifican como antecedentes de la que sería la creación de la responsabilidad derivada de las leyes las sentencias TC 108/1986 y TC 99/1987, en las cuales se atacaba unas disposiciones mediante el recurso de inconstitucionalidad (LOJP y Ley 30/84, respectivamente), debido a que ambas normas adelantaban la edad de jubilación, frente a lo cual los afectados reclamaban la supuesta expropiación de derechos y la violación del derecho adquirido a la edad de jubilación. El Tribunal, en los casos señalados, pese a negar la procedencia del recurso de inconstitucionalidad por considerar que no había una expropiación de derechos, reconoce que *en determinadas circunstancias, la alteración legislativa puede dar lugar a perjuicios económicos que deberían ser compensados.*

Esta última expresión en adelante sirvió como fundamento a la jurisprudencia española para construir la responsabilidad legislativa. Al respecto el Tribunal Constitucional señaló que:

---

[24] Mestre Delgado, op. cit., p. 112. En similar sentido, ver la exposición que hace la profesora Alonso García respecto a la evolución del concepto de responsabilidad del Estado, desde la tradicional inmunidad del poder público, pasando por la atribución de responsabilidad a la administración y arribando a la responsabilidad patrimonial al legislador, en aquellos casos en que sus actuaciones resultan vulnerando el principio de confianza legítima. Los diferentes enfoques de la responsabilidad estatal se encuentran también en Concheiro del Río, Jaime, *La responsabilidad patrimonial del Estado por la declaración de inconstitucionalidad de las leyes*, Ed. Difusa. Madrid 2001. y en Mir Puigpelat, Oriol, *La responsabilidad patrimonial de la administración, hacia un nuevo sistema*, Civitas, Madrid, 2002.

> Consecuentemente con lo expuesto, si no existen tales derechos [se refiere al supuesto "derecho adquirido" a una determinada edad de jubilación] no puede reprocharse a las normas que se impugnan el efecto de su privación y por lo tanto habrá que concluir por rechazar la pretendida vulneración del art. 33,3 de la Constitución. No hay privación de derechos; sólo alteración de su régimen en el ámbito de la potestad del legislador constitucionalmente permisible.[25]

Sin embargo, el Tribunal Constitucional a partir de estas sentencias abrió la puerta para que eventualmente se admita que las modificaciones normativas pueden frustrar expectativas de los ciudadanos y generar perjuicios económicos que merezcan ser indemnizados.

> [...] esto no impide añadir —como se dijo en la STC 108/1986, de 29 de julio, referida al anticipo de la edad de jubilación de Jueces y Magistrados— que esa modificación legal origina una frustración de las expectativas existentes y en determinados casos perjuicios económicos que pueden merecer algún género de compensación.[26]

El Profesor Mestre cita un grupo de sentencias del Tribunal Supremo (TS), en las cuales se recogieron los aportes que hiciera el Tribunal Constitucional. En dichas sentencias, el Tribunal Supremo, expone las líneas generales sobre la responsabilidad del legislador, apartes que transcribimos a continuación por los significativos aportes.

a) La sentencia TS de 11 de octubre de 1991, resuelve la reclamación suscitada por la empresa "Pedro Domecq, S.A." con motivo de la promulgación de varias leyes que le habrían producido perjuicios, en la medida en que se elevó el tipo de gravamen aplicable al impuesto especial que grava su actividad y el tributo que grava la publicidad en determinadas bebidas alcohólicas.

---

[25] Mestre Delgado, op. cit., p. 109.

[26] Ibíd., p. 110.

> En este caso se declaró la inexistencia de responsabilidad. Pero nos interesa porque formula una clasificación general de los supuestos en los que puede operar la responsabilidad del Legislador. Viene a indicar que se incluyen en este ámbito en primer lugar las medidas de carácter expropiatorio. En segundo lugar, las leyes declaradas inconstitucionales. Y, además, en tercer supuesto, con base en lo declarado por el Tribunal Constitucional en la Sentencia 108/1986, en la que tras afirmar la constitucionalidad de la Ley que enjuiciaba y la carencia de un efectivo derecho a cierta edad de jubilación -por tratarse de mera expectativa -, termina diciendo que "es posible, incluso, que esta finalidad no quede suficientemente asegurada (se refiere a la de paliar los efectos negativos, de no ser corregidos, puedan merecer algún genero de compensación) [...]". La Sentencia concluye señalando que "se ha dado entrada a esta tercera vía de indemnización por los actos del Estado legislador cuando "merezcan algún genero de compensación" de los perjuicios económicos -graves y ciertos- que irrogue al particular una ley constitucional y no expropiatoria", que se basaría en los arts. 9 CE y 40 LRJAE, cuyos requisitos deben respetarse: "a saber: que la lesión no obedezca a casos de fuerza mayor, que el daño alegado sea efectivo, evaluable económicamente e individualizado y que la pretensión se deduzca dentro del año en que se produjo el hecho que motive la indemnización; siendo por tanto, también, de aplicación a dicha hipótesis la doctrina elaborada por este Tribunal Supremo en torno al mencionado artículo [...]. Esta tercera vía no alcanzaría a las leyes de naturaleza tributaria, ya que "si su exacción fuera indemnizable dejarían de ser tributos".[27]

Hasta aquí es importante destacar la clasificación que hizo la jurisprudencia del TS español sobre la responsabilidad del legislador cuando se refirió a que procede la indemnización en los siguientes casos:

1. Normas de carácter expropiatorio
2. Leyes declaradas inconstitucionales

[27] Ibíd., p. 114.

3. Cuando los perjuicios económicos graves y ciertos que irrogue al particular una ley constitucional y no expropiatoria "merezcan algún genero de compensación", con base en los artículos 9 CE y 40 LRJAE, los cuales exigen a su vez que la lesión no obedezca a casos de fuerza mayor, que el daño alegado sea efectivo, evaluable económicamente e individualizado y que la pretensión se deduzca dentro del año en que se produjo el hecho que motive la indemnización.

Llama la atención que dentro de la tercera forma de responsabilidad del legislador admitida por el TS español, *cuando los perjuicios económicos graves y ciertos que irrogue al particular una ley constitucional y no expropiatoria, "merezcan algún genero de compensación"*, la jurisprudencia del TS señaló que, pese a lo expuesto, no habría responsabilidad legislativa en el caso de leyes tributarias, dejando de analizar si estas fueran, por ejemplo, expropiatorias, retroactivas o injustas. Parte de la base el tribunal que las normas tributarias están fuera de reproche pero sin argumentar por qué, más allá de una cuestión tautológica.

A continuación, el autor en comento se refirió a otra importante sentencia del Pleno del Tribunal Supremo, que expuso argumentos muy significativos para la responsabilidad del legislador y que ha sido reiterada en numerosas oportunidades por sus precisiones.

En primer lugar, el caso que estudia la sentencia TS del 30 de noviembre de 1992 se refiere a que, por la falta de previsión de la responsabilidad legislativa expresa en el ordenamiento español, se requiere de un previo desarrollo legal que determine en qué casos procede y qué requisitos le son exigibles para hacerla operativa, teniendo en cuenta que "no hay antecedentes históricos o una regulación que posibilite una decisión sobre tales cuestiones".[28]

Esta primera dificultad que advirtiera entonces el Tribunal Supremo español está plenamente superada en nuestro medio, debido a que la Constitución Política de Colombia contiene una cláusula general de responsabilidad estatal en la que se incluye por supuesto la responsabilidad legislativa. Así mismo, se cuenta con antecedentes de pronunciamientos sobre responsabilidad derivada de actos normativos, como se verá en el capítulo siguiente.

---

[28] Ibíd., p. 116.

En segundo lugar, el TS afirma que se deben definir las normas aplicables para poder establecer los casos y los requisitos para exigir esa responsabilidad, labor que en su opinión no le corresponde al poder judicial.

En tercera instancia, a falta de antecedentes en derecho español, el TS presenta las soluciones del derecho comparado, dependiendo de si existe o no control de constitucionalidad de las normas, como se enuncia a continuación:

> [...] de una parte, países sin un órgano que controle la constitucionalidad de las leyes, como Francia, en el que la responsabilidad del Estado legislador, se ha venido elaborando con base en "arrêts" del Consejo de Estado que han contemplado casos concretos, muy individualizados en cuanto a las personas supuestamente afectadas por los daños y perjuicios y con la exigencia de que estos sean de naturaleza especial, que no podría invocarse como soporte para generalizar la responsabilidad por los daños y perjuicios derivados de la aplicación de cualquier Ley no expropiatoria ocasionados en meras expectativas de derechos, en los derechos no consolidados por estar pendientes para su perfeccionamiento del cumplimiento o incumplimiento de una condición, etc.; de otra, países con órganos que controlan la constitucionalidad de las leyes, en el que habría de incluirse el nuestro, en el que unos la limitan a los casos en que la ley hubiera sido declarada inconstitucional y otros exigen que sea la propia ley la que establezca dicha responsabilidad, en ninguno de cuyos casos se encuentra, por supuesto el que aquí se examina, pues el Tribunal Constitucional ha declarado en las sentencias ya citadas la constitucionalidad de los preceptos de las Leyes que adelantaron la edad de jubilación forzosa de los funcionarios públicos, Jueces y Magistrados y Profesores de EGB y en las mismas nada se establece en orden a la indemnización por daños y perjuicios derivados de su aplicación.[29]

En cuarto lugar, agrega Mestre que el TS estableció que si en los casos de leyes declaradas constitucionales se genera responsabilidad por actos de aplicación de las mismas, sería necesario "decidir si sólo los bienes y derechos lesionados deben ser indemnizados" o si también las expectativas de derechos,

---

[29] Ibíd., p. 117.

derechos sujetos a condición u otros similares, "construyendo el régimen con los preceptos vigentes, que regulan otras materias".

El resultado podría ser, dice la Sentencia, excluir la

> [...] frustración de meras expectativas de derecho, además de que, admitir lo contrario conduciría a una petrificación legislativa para evitar las importantes consecuencias económicas de modificaciones que pretendan adaptar la legislación anterior, dentro del marco constitucional, a las nuevas circunstancias políticas, económicas y sociales, cuando, como ocurre con frecuencia, conllevan una privación de expectativas generadas por las Leyes que se modifican.

En quinto lugar, el autor comenta que "aunque no sea de aplicación al caso, por razones de eficacia temporal [el TS] concluye señalando que la Ley 30/92: limita la indemnización a los particulares por la aplicación de actos legislativos de naturaleza no expropiatoria de derechos en un triple aspecto: 1º. que no tengan el deber jurídico de soportar; 2º. que se establezcan en los propios actos legislativos, y 3º. que la indemnización tendrá lugar en los términos que se especifiquen en los propios actos".[30]

Enseguida y adentrándose en la evolución del tema en derecho español, Mestre reseña la opinión del Tribunal Supremo a partir del año 1996, en el sentido de que la responsabilidad del Estado legislador no deriva directamente del artículo 9º de la constitución española, por lo que requiere desarrollo legal previo, como en otros campos de responsabilidad lo piden los artículos 106.2 y 121 de la "norma fundamental" en relación con el funcionamiento de los servicios públicos que dependen del gobierno y la administración y con las actuaciones del poder judicial.

En el mismo sentido, considera el TS que tampoco serían de aplicación al caso de la responsabilidad del Estado legislador los artículos 40 de la Ley de Régimen Jurídico de la Administración del Estado (en la actualidad 139 de la Ley 30/1992, de 26 de noviembre) y 121 de la Ley de Expropiación Forzosa, además de lo anterior, porque se refieren a otras materias disímiles de lo que es la elaboración y aplicación de normas. Finalmente, el TS descartó también la aplicación de la analogía o de los principios generales de derecho

[30] Ibíd., p. 118.

como mecanismos para que el Poder Judicial por la vía jurisprudencial regule la responsabilidad legislativa.[31]

Estas discusiones por fortuna no tienen cabida en el derecho colombiano, toda vez que la Constitución Política de 1991 en el artículo 90 no hace distinción sobre la necesidad de regulación legal previa para exigir responsabilidad a los poderes del Estado, como sí lo precisa para la responsabilidad propia de los funcionarios públicos. De allí se deduce que corresponde al Juez la forma de hacerla efectiva, como en efecto lo pretendió la Asamblea Nacional Constituyente, circunstancia que se verá detenidamente en el capítulo siguiente, cuando se analice la discusión que se surtió sobre dicho artículo.

De otra parte, el autor en comento alude al significado del artículo 139.3 de la Ley 30/1992 teniendo en cuenta que en algunas ocasiones la jurisprudencia española lo consideró como habilitante de la responsabilidad del legislador.

Explica que la CE estableció un régimen de responsabilidad para las administraciones públicas (art. 106), así como para el Poder Judicial (art. 121). Pero frente a la responsabilidad del legislador, considera que no fue así, porque la Constitución no lo incorporó en la misma forma que lo hizo para los otros poderes, sino que, "por el contrario, el texto constitucional no ha incorporado en la misma forma la responsabilidad del Estado legislador, que no se configura como derecho subjetivo de los ciudadanos; en el principio de responsabilidad de los poderes públicos, del art. 9.3 CE, caben posibilidades muy diversas, pero ninguna resulta directamente exigible o aplicable si no es con la intermediación del legislador".[32]

Más adelante, la jurisprudencia española integró algunos "criterios expansivos" que se vieron reflejados, por ejemplo, en la STS de 29 de febrero de 2000, conocida como "responsabilidad de la administración por actos legislativos", denominada así porque la actividad del legislador se relaciona directamente con la actividad de la administración, básicamente porque es ésta quien aplica la ley. En el pronunciamiento mencionado se afirma que "la ley declarada inconstitucional encierra en sí misma, como consecuencia de la vinculación más fuerte de la Constitución, el mandato de reparar los daños y perjuicios concretos y singulares que su aplicación pueda haber originado. [...]

---

[31] Ibíd., pp. 119 a 122.

[32] Ibíd., p. 123.

la responsabilidad del Estado-legislador puede tener, asimismo, su segundo origen en la inconstitucionalidad de la Ley".[33]

De nuestra parte, en Colombia no se ha trascendido más allá en el análisis cuando ha habido declaraciones de inconstitucionalidad, para llegar a afirmaciones como las del TS, porque se teme que el reconocimiento de una posible responsabilidad del legislador suponga un juicio sobre la persona de los congresistas. En nuestro medio es costumbre la evaluación de la gestión de los demás funcionarios del Estado sin excepción, sean provistos por elección popular o por otros mecanismos. Hay además rendición pública y periódica de cuentas sobre la gestión, para que la ciudadanía pida explicaciones e insista en la solución de asuntos que le interesan. En todos los ámbitos existen medidas de control y vigilancia que hacen posible juicios de responsabilidad y garantizan la efectividad del principio constitucional de responsabilidad.

Tal vez la discusión que se debe dar también hacia la reconstrucción del llamado control político, estableciendo algunos criterios efectivos para medir la gestión y correctivos o sanciones que permitan exigirle responsabilidad al poder legislativo, como se hace respecto de los demás funcionarios públicos. En este supuesto como en el de la declaración de inconstitucionalidad igualmente se busca indemnizar un perjuicio en un caso particular, como lo señala el TS en su sentencia del 29 de febrero de 2000.

Finalmente, el profesor Mestre hace una recapitulación de los criterios aceptados por la jurisprudencia española para la responsabilidad derivada de las leyes, añadiendo que "la clasificación que maneja la jurisprudencia sobre los efectos indemnizatorios que puedan derivar de los actos legislativos se conforman en torno a tres grupos de normas: *en primer lugar, las que tienen naturaleza expropiatoria; en segundo lugar, las leyes declaradas inconstitucionales; en tercer lugar, las leyes que produzcan un sacrificio especial con respecto a un ciudadano o un grupo de ciudadanos*" (Cursiva fuera de texto).

Desde entonces, la jurisprudencia española admitió que resultan aplicables a la responsabilidad del legislador, los requisitos comunes para la responsabilidad patrimonial de las administraciones públicas.

En torno a la discusión que se dio sobre si la responsabilidad del legislador se predica de derechos consolidados o de intereses o expectativas en derecho español "es imprescindible estar en presencia de derechos adquiridos, y en

[33] Ibíd., citando al Tribunal Supremo, pp. 123 a 125.

ningún caso ante meras expectativas, para que resulte operativa la exigencia de indemnización; además, que la norma con rango de ley debe producir, a tales efectos, una privación del derecho".[34]

[34] Ibíd., p. 128.

3. Responsabilidad del legislador en Colombia

A continuación, entraremos a reseñar la conceptualización que se ha venido construyendo en nuestro país a propósito de la responsabilidad patrimonial del Estado y sus implicaciones en la responsabilidad por el hecho del legislador. Cabe reiterar que en nuestro medio el tema no ha sido suficientemente decantado.

3.1. Sentido del artículo 90 de la Constitución Política

En este apartado se revisarán el inicio y el fundamento del artículo 90, para la comprensión del avance incluido con el mismo en el sistema de protección de derechos de la Constitución Política de 1991.

A manera de introducción es preciso señalar que, en Colombia, el mismo Constituyente de 1991 se ocupó en varias sesiones de la Asamblea del tema de la responsabilidad del Estado, sentando también las bases para la admisibilidad en nuestro sistema, de la que se predica sobre el legislador.

La Comisión Primera de la Asamblea Nacional Constituyente, que tenía a su cargo el tema "Mecanismos de protección del orden jurídico y de los particulares",[1] expuso la idea que tenía de introducir, como parte de esos mecanismos, un nuevo modelo de responsabilidad, pues consideró importante crear "un sistema integrado de mecanismos" que sirvieran para hacer efectivos los distintos derechos que la Constitución estaba consagrando:

> [...] se ha considerado indispensable la creación de un sistema integrado de mecanismos que, a la vez que protejan la vigencia del orden jurídico, se conviertan en verdaderas y eficaces herramientas de promoción y protección de los derechos de los asociados. Sin ellos, el vasto conjunto de los derechos individuales y colectivos y de los

[1] Colombia. Asamblea Nacional Constituyente. Gaceta Constitucional n° 56, Bogotá D.E., abril 22 de 1991.

> deberes sociales que se aspira a incorporar en la Constitución, corre el riesgo de tornarse en letra muerta.[2]

El Informe-Ponencia enfatizó a renglón seguido cuáles eran los instrumentos que componían los mecanismos de protección, dentro de los que se incluyó la responsabilidad del Estado. En palabras del constituyente Esguerra "el sistema que se propone estaría compuesto por las siguientes figuras [...] la responsabilidad de las autoridades públicas y del Estado".[3]

A continuación se presentarán las observaciones formuladas en el mismo Informe-Ponencia, en el aparte sobre la responsabilidad de los servidores públicos y del Estado,[4] cuando se refirió a la consagración del que hoy conocemos como el artículo 90. En la siguiente tabla que hemos elaborado se evidencia cómo el texto del artículo discutido entonces en la Asamblea contiene básicamente los mismos elementos del artículo actual.

Tabla 1

Texto del artículo presentado en el Informe-Ponencia por de la Comisión Primera el 22 de abril de 1991 a la Asamblea Nacional Constituyente[5]	Texto vigente del artículo 90 de la Constitución Política de 1991
Inc. 3°. El Estado responderá patrimonialmente por los daños antijurídicos que le sean imputables, causados por la acción o la omisión de las autoridades públicas. La demanda podrá dirigirse indistintamente contra el Estado, la autoridad pública o uno y otra. En el evento de ser condenado el Estado a la reparación patrimonial de uno de tales daños que haya sido consecuencia de la conducta culposa de un agente suyo, aquel deberá repetir contra éste.	Art. 90. El Estado responderá patrimonialmente por los daños antijurídicos que le sean imputables, causados por la acción o la omisión de las autoridades públicas. En el evento de ser condenado el Estado a la reparación patrimonial de uno de tales daños, que haya sido consecuencia de la conducta dolosa o gravemente culposa de un agente suyo, aquél deberá repetir contra éste.

Fuente: Elaboración propia.

---

[2] Colombia, Gaceta Constitucional n° 56, Informe-Ponencia, *Mecanismos de Protección del orden Jurídico y de los Particulares*, Fonente: Juan Carlos Esguerra Portocarrero, p. 12.

[3] Ibíd. p. 12.

[4] Ibíd. p. 15.

[5] Ibíd. p. 15.

Acerca del nuevo enfoque de la responsabilidad del Estado hay tres avances significativos que presentó entonces la ponencia citada de la Comisión Primera de la Asamblea Nacional Constituyente: primero, se crea a nivel constitucional la responsabilidad de tipo patrimonial; segundo, se extiende su aplicabilidad a todas las autoridades públicas y al Estado en general y; tercero, se consagra expresamente que la responsabilidad sea directa y objetiva. Así lo explicó entonces el constituyente Juan Carlos Esguerra Portocarrero, cuyas palabras se trascriben por la magnífica claridad de sus análisis frente al texto del entonces proyecto de artículo, que pasó a convertirse en el artículo 90 que regula hoy la responsabilidad patrimonial del Estado colombiano. Son ilustradoras y contundentes sus distintas explicaciones sobre el sentido y alcance del nuevo modelo de responsabilidad que se instauró en 1991:

> Sobre el particular, se propone la consagración constitucional de un régimen integrado que envuelva, tanto la responsabilidad de tipo penal y disciplinario que pesan sobre los funcionarios públicos, como la patrimonial, que debe incumbirles por igual a todas las autoridades públicas y al Estado.
>
> [...] Nuestro actual sistema consagra de manera expresa apenas la responsabilidad penal y disciplinaria de los funcionarios, pero omite toda referencia a la responsabilidad de tipo patrimonial y, sobre todo, a la responsabilidad directa y objetiva del Estado.
>
> [...] La verdad es que este cúmulo de responsabilidades constituye un esencial mecanismo de protección de los derechos de los particulares frente a la conducta de aquellas autoridades que yerran en el cumplimiento de las normas, que se abstienen de cumplir con sus obligaciones o que, al cumplirlas, simplemente causan daños que los asociados no tienen por qué padecer.
>
> Por otra parte conviene señalar que el régimen que se propone en materia de responsabilidad patrimonial del Estado no se limita a su mera consagración expresa a nivel constitucional, sino que, además, incorpora los más modernos criterios sobre la materia, consistentes en radicar el fundamento de esa responsabilidad en el daño antijurídico

> y en su imputabilidad al órgano estatal. De esta manera se resuelve el problema que hoy ya plantea la evidente insuficiencia del criterio de la llamada "falla del servicio público", dentro del cual no caben todas las actuales formas y casos de responsabilidad patrimonial, tales como el de la "responsabilidad por daño especial".
>
> En otras palabras, se desplaza el soporte de la responsabilidad administrativa, del concepto subjetivo de la antijuridicidad de la acción del Estado, al concepto objetivo de la antijuridicidad del daño producido por ella. Esta antijuridicidad habrá de predicarse cuando se cause un detrimento patrimonial que carezca de título jurídico válido y que exceda el conjunto de las cargas que normalmente debe soportar el individuo en su vida social.
>
> Por lo que hace a la imputabilidad, se trata de resaltar la circunstancia de que para que proceda la responsabilidad en cuestión, no basta con la mera relación de causalidad entre el daño y la acción de una autoridad pública, sino que es necesario, además, que pueda atribuirse al órgano o al Estado el deber jurídico de indemnizarlo. La determinación de las condiciones necesarias para el efecto, quedará, naturalmente, en manos de la ley y de la jurisprudencia.

Pero qué significa entonces la frase: "para que proceda la responsabilidad en cuestión, no basta con la mera relación de causalidad entre el daño y la acción de una autoridad pública, sino que es necesario, además, que pueda atribuirse al órgano o al Estado el deber jurídico de indemnizarlo". Al parecer, la Comisión quiso dejar expresa la necesidad de determinar de dónde surge el deber del Estado de reparar el daño, tarea que afirma corresponde a la ley y a la jurisprudencia. Frente a ello se considera ilusorio que en Colombia lo hiciera el legislador mismo, por lo que es la jurisprudencia la llamada a continuar desarrollando esta institución, así como lo hizo en el siglo pasado, aun sin haber contado con una norma expresa que le permitiera imputar responsabilidad al Estado, como la que existe hoy a nivel constitucional.

Siguiendo el sentido y la dirección de estos argumentos sobre las bondades del nuevo artículo, se sentaron además las bases para la admisibilidad en derecho colombiano de la responsabilidad del legislador y de la posibilidad de obtener el resarcimiento del daño antijurídico, que tenga origen en su actuación, prescindiendo del análisis de la legalidad o ilegalidad de dicha actividad.

Para el caso de la responsabilidad del legislador consideramos que esta clase de responsabilidad en Colombia se puede derivar, directamente, de la aplicación del artículo 90 de la Constitución, como cláusula general de responsabilidad del Estado por tener esta disposición suficientes elementos que puede desarrollar el juez para hacerla viable. En efecto, es posible deducir el perjuicio de la acción legislativa y hacer procedente la reparación de un daño antijurídico.

Sobre este punto se dijo entonces en la Asamblea Nacional Constituyente en la misma ponencia que trató el tema:

> Tal como ha quedado redactado el artículo, cabe perfectamente la posibilidad, hacia la cual claramente se está inclinando el derecho moderno, de extender el régimen de la responsabilidad patrimonial del Estado a aquella que se deriva de los yerros de la administración de justicia y, eventualmente en un futuro, también a la que pueda derivarse de la función legislativa. La instauración concreta de una y otra quedaría, como corresponde, en manos de la ley y de la jurisprudencia.

Analizando el informe de esta ponencia de la Comisión Primera sobre los mecanismos de protección, cuyo artículo concerniente a la responsabilidad patrimonial del Estado fue aprobado en el primer debate por la Plenaria de la Asamblea, es claro que, efectivamente, como lo estimaban los honorables miembros de la Asamblea, con el nuevo texto constitucional se ampliaba el margen y los sujetos de la responsabilidad estatal, por lo que es admisible en nuestro medio que el legislador y la función legislativa, desde el año 1991, expresamente hagan parte de la categoría de agentes y actividad que, en el evento de generar daños, hacen responder patrimonialmente al Estado colombiano.

Para corroborar la intención del Constituyente, brevemente se presentará lo más relevante del recorrido de texto del artículo 90 de la Constitución en las sesiones que siguieron en la Asamblea.

El texto del artículo sobre responsabilidad del Estado y la explicación del mismo volvieron a retomarse en el Informe-Ponencia para Primer Debate en Plenaria de la Asamblea en el aparte "Mecanismos de Protección de los

Derechos Fundamentales y del Orden Jurídico" elaborado por los constituyentes Jaime Arias López y Juan Carlos Esguerra Portocarrero,[6] señalando que:

> En la elaboración del articulado se tomaron en consideración la totalidad de las propuestas presentadas a la Asamblea sobre cada uno de los temas y se buscó obtener una síntesis que recoja lo mejor de cada una de ellas.
>
> [...] Es importante destacar que en torno a esos temas existió un amplio consenso en el seno de la Comisión Primera y salvo en lo referente a ciertos aspectos puramente formales de la responsabilidad patrimonial del Estado y del derecho de tutela —relacionados con la extensión del articulado propuesto y acordado—, no se presentaron propuestas sustitutivas.[7]

Lo anterior evidencia la conformidad que se tuvo en la preparación del artículo sobre responsabilidad del Estado en la Comisión Primera. También se reiteraron aquí los fundamentos de este artículo, en el punto "La responsabilidad patrimonial de las autoridades públicas y del Estado", en estos términos:

> Sobre el particular, el informe de la subcomisión proponía la consagración de un régimen integrado de responsabilidad que envuelva tanto la penal y disciplinaria como la patrimonial. Sin embargo, puesto que ya en el capítulo de los principios quedó establecido un régimen general de responsabilidad, se decidió tratar aquí únicamente lo relativo a la responsabilidad patrimonial con la anotación de que en el artículo de principios aprobado sería más propio hablar de "autoridades" en lugar de "funcionarios", por ser la primera expresión más amplia, al cobijar a los particulares que en determinadas circunstancias cumplen funciones públicas.

En general, los argumentos de la Ponencia para el Primer Debate en Plenaria repiten lo expresado atrás, en el Informe de Ponencia que se publicó en

---

[6] Colombia. Asamblea Nacional Constituyente. Gaceta Constitucional n° 77, Bogotá D.E., mayo 20 de 1991, p. 7.

[7] Ibíd.

la Gaceta Constitucional número 56. Sin embargo, se adiciona aquí lo relativo a la exclusión de imputabilidad "en casos de fuerza mayor, hecho de un tercero, culpa concurrente de la víctima o cuando el perjuicio no se produce como consecuencia o con ocasión de una actividad de servicio público"[8] y se aclara de cierta forma lo concerniente a la acción de repetición, exigiéndose ya no la culpa simple sino el dolo o la culpa grave. Además, en la redacción se modificó también la expresión "autoridad pública" por la de "funcionario público".

La versión del artículo que se debatió y aprobó[9] fue la siguiente:

> El Estado responderá patrimonialmente por los daños antijurídicos que le sean imputables, causados por la acción o la omisión de las autoridades públicas. La demanda podrá dirigirse indistintamente, contra el Estado, el funcionario o uno y otro.
>
> En el evento de ser condenado el Estado a la reparación patrimonial de uno de tales daños que haya sido consecuencia de la conducta dolosa o gravemente culposa de un agente suyo, aquel deberá repetir contra éste.[10]

Más adelante, en la Ponencia para Segundo Debate en la Asamblea Nacional Constituyente, la Comisión Codificadora, al referirse al tema de la Responsabilidad del Estado, aclaró algunos de los aspectos que ya habían sido ampliamente discutidos, como, por ejemplo, que el fundamento del daño y de la necesidad de reparar a la víctima de un daño causado por su gestión surge de la posición del Estado como guardián de los derechos y garantías sociales; se reitera que la responsabilidad se basa en la posición jurídica de la víctima y no en la conducta del autor del daño. Finalmente, la Comisión señala que en este artículo se recogen las teorías desarrolladas por el Consejo de Estado sobre la responsabilidad extracontractual: por falta o falla del servicio, daño especial o riesgo:

---

[8] Ibíd. p. 9.

[9] El texto del artículo presentado a la Asamblea Nacional Constituyente para Primer Debate se encuentra aprobado en el Acta de la Sesión Plenaria del miércoles 22 de mayo de 1991, en Gaceta Constitucional n° 105, Bogotá D.E., 22 de junio de 1991, p. 15. Así mismo, la compilación de los "Artículos de la Constitución Política de Colombia aprobados en primer debate", aparece en la Gaceta Constitucional n° 109, Bogotá D.E., 27 de junio de 1991 p. 5.

[10] Colombia, Gaceta Constitucional n° 77, op. cit., p. 10.

> En materia de responsabilidad patrimonial del Estado, se elevan a la categoría constitucional dos conceptos ya incorporados en nuestro ordenamiento jurídico: el uno, por la doctrina y la jurisprudencia, cual es el de la responsabilidad del Estado por los daños que le sean imputables: y el otro, por la ley, la responsabilidad de los funcionarios.
>
> La noción de daño en este caso, parte de la base de que el Estado es el guardián de los derechos y garantías sociales y que debe por lo tanto reparar la lesión que sufre la víctima de un daño causado por su gestión, porque ella no se encuentra en el deber jurídico de soportarlo.
>
> La responsabilidad se deriva del efecto de la acción administrativa y no de la actuación del agente de la Administración causante material del daño, es decir, se basa en la posición jurídica de la víctima y no sobre la conducta del actor del daño, que es el presupuesto de la responsabilidad entre particulares.
>
> Esta figura, tal como está consagrada en la norma propuesta, comprende las teorías desarrolladas por el Consejo de Estado sobre la responsabilidad extracontractual por falta o falla del servicio, daño especial o riesgo.[11]

No obstante, en la Gaceta en la cual se publicó el articulado aprobado de la Constitución Política hasta ese entonces y que se proponía para segundo Debate en Plenaria, la Comisión Codificadora presentó el siguiente texto para el artículo sobre responsabilidad patrimonial del Estado:

> Artículo 92.- La Ley reglamentará la responsabilidad patrimonial del Estado y establecerá en qué casos debe repetir contra sus agentes por el valor de las indemnizaciones que hubiere pagado.[12]

---

[11] Colombia, Asamblea Nacional Constituyente, Gaceta Constitucional n° 112, Bogotá D.E., 03 de julio de 1991 p. 7. La "Ponencia para Segundo Debate de la Nueva Constitución Política de Colombia" fue preparada por el Constituyente Augusto Ramírez Ocampo, Vocero de la Comisión Codificadora para los temas de la Comisión Primera.

[12] Colombia, Asamblea Nacional Constituyente, Gaceta Constitucional n° 113, Bogotá D.E., 5 de julio de 1991, p. 6.

De otra parte, conforme al Acta de la Sesión Plenaria en Segundo Debate del 30 de junio de 1991, el texto que se acaba de transcribir y que se presentó entonces para Segundo Debate no correspondía exactamente con el que se pretendía adoptar y que fue aprobado por la Comisión Primera y por la Plenaria en Primer Debate. Por lo tanto, en el Acta mencionada, se expresó al respecto:

> El artículo 92 ha sido impugnado, se vota con base en el texto del primer debate. Resultado: cuarenta y cinco (45) votos afirmativos. Ha sido aprobado con este tenor:
>
>> Artículo 92.- El Estado responderá patrimonialmente por los daños antijurídicos que le sean imputables, causados por la acción o la omisión de las autoridades públicas. La demanda podrá dirigirse indistintamente contra el Estado, el funcionario o uno y otro.
>>
>> En el evento de ser condenado el Estado a la reparación patrimonial de uno de tales daños que haya sido consecuencia de la conducta dolosa o gravemente culposa de un agente suyo, aquél deberá repetir contra este.[13]

Sin embargo, éste no sería el texto definitivo del artículo debido a que posteriormente, en la continuación de las sesiones del Segundo Debate, el Constituyente Juan Carlos Esguerra hizo una intervención y pidió a la Asamblea retirar una frase del artículo porque generaba, en su interpretación, una contradicción consistente en que la responsabilidad del servidor público era directa y no de tipo subsidiaria como en realidad es, por lo que en el evento de que pueda dirigirse la demanda "indistintamente contra el Estado, el funcionario, o uno y otro" se estaría validando que el funcionario pueda responder directamente:

> III - Hace uso de la palabra el Constituyente Juan Carlos Esguerra Portocarrero y expresa:

[13] Colombia, Asamblea Nacional Constituyente, Gaceta Constitucional n° 142, Bogotá D.E., p. 19.

—Es para lo siguiente: revisando anoche algunos de los artículos que se aprobaron, he caído en la cuenta de que hay uno de ellos, el relacionado con la responsabilidad patrimonial del Estado, una de cuyas frases, que no afecta en absoluto el sentido del artículo, implicaría una contradicción delicada en relación con todo el régimen del servidor público —artículo 92—. Me refiero a aquella frase que dice que la demanda podrá dirigirse indistintamente contra el Estado, el funcionario, o uno y otro. Lo cierto es que el régimen, tal como está establecido, consagra la responsabilidad del Estado por los daños antijurídicos que le sean imputables.

Al decirse que la demanda podrá dirigirse directamente contra el funcionario, estamos estableciendo de manera directa una responsabilidad que en el régimen del servidor público es sólo subsidiaria. Entonces, simplemente, señor presidente, para que, con el propósito de evitar esa contradicción entre dos esquemas de responsabilidad consagrados ambos en la Constitución, se proceda quitar esa última frase del primer inciso del artículo 92.[14]

En consecuencia, el texto quedó de la siguiente forma:

Artículo 92. El Estado responderá patrimonialmente por los daños antijurídicos que le sean imputables, causados por la acción o la omisión de las autoridades públicas.

En el evento de ser condenado el Estado a la reparación patrimonial de uno de tales daños que haya sido consecuencia de la conducta dolosa o gravemente culposa de un agente suyo, aquel deberá repetir contra éste.

Ahora bien, es importante retomar los principales elementos que sobre el contenido y la finalidad de este artículo se plantearon en la Asamblea Nacional Constituyente durante su preparación:

[14] Ibíd., p. 26.

a. Se crea a nivel constitucional la responsabilidad de tipo patrimonial.
b. Se extiende su aplicabilidad a todas las autoridades públicas y al Estado en general.
c. Se consagra expresamente que la responsabilidad del Estado sea directa y objetiva.
d. Se radica el fundamento de esa responsabilidad en el daño antijurídico y en su imputabilidad al órgano estatal.
e. Se desplaza el soporte de la responsabilidad administrativa, del concepto subjetivo de la antijuridicidad de la acción del Estado, al concepto objetivo de la antijuridicidad del daño producido por ella. La antijuridicidad habrá de predicarse cuando se cause un detrimento patrimonial que carezca de título jurídico válido y que exceda el conjunto de las cargas que normalmente debe soportar el individuo en su vida social.
f. En cuanto a la imputabilidad, para que proceda la responsabilidad, no basta con la mera relación de causalidad entre el daño y la acción de una autoridad pública, sino que es necesario que pueda atribuirse al órgano o al Estado el deber jurídico de indemnizarlo.
g. Se extiende el régimen de la responsabilidad patrimonial del Estado a aquella que se deriva de los yerros de la administración de justicia y, eventualmente en un futuro, también a la que pueda derivarse de la función legislativa.
h. Se aclara de cierta forma lo concerniente a la acción de repetición exigiéndose ya no la culpa simple sino el dolo o la culpa grave.
i. La noción de daño parte de la base de que el Estado es el guardián de los derechos y garantías sociales y que debe por lo tanto reparar la lesión que sufre la víctima de un daño causado por su gestión, porque ella no se encuentra en el deber jurídico de soportarlo.
j. La norma propuesta comprende las teorías desarrolladas por el Consejo de Estado sobre la responsabilidad extracontractual por falta o falla del servicio, daño especial o riesgo.

3.2. El nuevo agente de la responsabilidad

En esta parte se resumen las anotaciones que ha hecho la jurisprudencia colombiana a propósito de la responsabilidad patrimonial del Estado, algunas de las cuales pueden retomarse para referirnos a la que se deduzca por el hecho del legislador.

El tema de la responsabilidad del Estado por el hecho del legislador ha sido tratado en Colombia en pocas oportunidades, por ejemplo, en cuanto a la aplicación de normas de carácter internacional acogidas por el ordenamiento interno, que, al ser utilizadas, pueden entrar en conflicto con los derechos de los ciudadanos. Al respecto, el Consejo de Estado ha considerado que existe responsabilidad del Estado por la actuación del legislador cuando de la aplicación de una norma expedida por éste se genere un perjuicio, independientemente de que el hecho que ocasione el perjuicio, es decir, la aplicación de una ley, sea un acto lícito.

La responsabilidad del Estado derivada en este caso de la aplicación de una ley se fundamenta entonces en la "antijuridicidad del daño" que acarrea la utilización de esa disposición, mas no en la conducta de la autoridad, sea el legislador por haberla expedido o la administración y el juez que la aplican al caso concreto. Así se pronunció el Consejo de Estado en cuanto a la aplicación de la norma que introdujo en nuestro país la Convención de Viena, Ley 6ª de 1972, debido a que, mediante esta ley, el Estado colombiano confiere a los agentes diplomáticos inmunidad jurisdiccional, impidiendo que sean demandados en Colombia cuando han ocasionado un daño, teniendo entonces los afectados que abstenerse de demandar "la reparación a que tienen derecho, en acción contra el ejecutor material del daño e imponérseles la necesidad de demandar ante la justicia del estado acreditante".[15] En ese orden de ideas, hay responsabilidad estatal pese a que la adopción de una norma por el legislador se encuentre ajustada a la legalidad, porque lo que genera el perjuicio es la aplicación misma de la ley:

> No es acertado el criterio según el cual la responsabilidad por el acto legislativo, demande la vulneración de mandatos superiores por cuanto la responsabilidad estatal se deriva independientemente de la licitud o ilicitud de la conducta de la administración, pues la reparación deviene de la antijuridicidad del daño.[16]

---

[15] Colombia, Consejo de Estado, Sala Plena, sentencia del 25 de agosto de 1998. Rad.: IJ-001, Consejero Ponente: Jesús María Carrillo.

[16] Colombia, Consejo de Estado, Sala Plena, Rad.: IJ-001. Op. cit

De otra parte, el Consejo de Estado estableció en esta sentencia que el régimen de responsabilidad que se aplica al legislador, cuando del ejercicio de sus deberes se produzca un daño, es la denominada responsabilidad por daño especial, consideración que necesariamente debe aplicarse a casos similares con fundamento en el artículo 90 constitucional. Dijo entonces la corporación: "En el sub judice, estima la Sala, que es pertinente aplicar el régimen de la responsabilidad por daño especial, que es el que corresponde aplicar cuando por la actividad legítima del Estado se causa un daño".[17]

En la misma providencia, la corporación consideró que en el caso de la adopción y aplicación de normas originadas en desarrollo de tratados internacionales las autoridades actúan legítimamente en cumplimiento de sus obligaciones internaciones, por lo que, si se genera un "daño especial" que respecto de determinada persona afecte el principio de igualdad ante las cargas públicas, ese particular no está en obligación de soportarlo y, en consecuencia, el Estado debe proceder al resarcimiento del mismo teniendo en cuenta que el daño se produce debido a una actuación estatal —la adopción de una norma— que le impide a los afectados accionar en Colombia contra la Embajada de Estados Unidos para obtener la reparación del daño —la muerte de su esposo y padre—:

> En síntesis, puede afirmarse que el título de importación jurídica sobre el cual se edifica el juicio de responsabilidad para el Estado, lo constituye el rompimiento del equilibrio de las cargas públicas, ocasionado por la actividad legítima de autoridades estatales (Congreso y Presidente de la República), que causa daño antijurídico, respecto del cual, el administrado no está en el deber de soportar, pues la carga pública que debe ser colectiva, no debe correr a cargo de una persona en particular. De ahí que sea equitativo, imponer al Estado en representación de la sociedad, la obligación de reparar el perjuicio irrogado a los actores. Esta solución no es cosa distinta que el cabal desarrollo y ejecución lógica del principio de la igualdad ante la ley, previsto en el artículo 13 de la Constitución Política.[18]

---

[17] Ibíd.

[18] Colombia, Consejo de Estado, Sala Plena, Rad.: IJ-001, op. cit. En dicha sentencia la Sala se refiere a pronunciamientos anteriores en los cuales se trató el tema en estos términos: "Esta Corporación ha construido una base jurisprudencial sólida respecto del daño especial como fundamento de la respon-

En resumen, la Sala Plena del Consejo de Estado se refirió al tema de responsabilidad originada en la función del legislador por el acto de aplicación de una norma señalando que los efectos de una convención internacional en el territorio colombiano generan un daño antijurídico, materializado en la imposibilidad de los demandantes de perseguir ante el juez nacional competente la declaratoria de responsabilidad y la correspondiente indemnización del directo causante del daño, situación que apareja la restricción del derecho fundamental de acceso a la justicia. Paralelamente, para el Consejo de Estado se vulnera el principio de igualdad frente a las cargas públicas o de la igualdad de las personas ante la ley, consagrados en el artículo 13 de la Constitución Política, razones que llevan a esta corporación a concluir que el daño es imputable al Estado y el afectado debe ser reparado.

Finalmente, es importante señalar que el Consejo de Estado hizo dos afirmaciones en la sentencia en comento que merecen observación; una frente a que el acto de adopción de una convención internacional mediante una ley es un "acto complejo en lo que concierne a nuestro país", porque "intervienen las distintas ramas del poder público", el Presidente de la República y el Congreso "en ejercicio de sus funciones de conformidad con los artículos 189 y 150 de la C.P". Dijo la corporación:

> La Convención obedece a un acto complejo del Estado Colombiano integrado por la intervención de las voluntades de dos autoridades estatales, a saber, el Congreso y el Presidente de la República en ejercicio de sus funciones de conformidad con los artículos 189 y 150 de la C.P.

Al respecto, se estima que esa consideración no tiene un efecto diferente para el caso de lo que sería el régimen general de responsabilidad del legislador

---

sabilidad patrimonial del Estado, como cuando afirma que 'el tribunal acertadamente manejó este caso con base en el régimen de responsabilidad por daño especial, caracterizado por presentarse en aquellas situaciones en las que los derechos de una persona por el rompimiento de la igualdad frente a la ley y a las cargas públicas, a cuya consecuencia se causa daño especial al administrado, cuya situación particular no puede enmarcarse dentro de un régimen distinto de responsabilidad' (Sentencia de julio 16 de 1994, Exp. Nº 8965, Consejero Ponente: Daniel Suárez Hernández). En otro caso se dijo que con apoyo en la teoría del daño especial, el Estado debe indemnizar el daño siempre que resulte anormal y excepcional en relación con los que deben soportar los demás integrantes de la comunidad. (sentencia de abril 19 de 1994. Exp. Nº 7096, Consejero Ponente: Juan de Dios Montes)".

que le sería imputable conforme al artículo 90 de la Constitución Nacional por el daño antijurídico que ocasione con la expedición de una norma suya.

Aunque el Consejo de Estado argumente en la sentencia citada que la ley 6ª de 1972, por la cual se aprueba la "Convención de Viena sobre Relaciones Diplomáticas" realizada en Viena el 18 de abril de 1961, sería considerada una ley diferente por tratarse de un "acto complejo", dicha afirmación no es contundente para descartar que existen los elementos de hecho: el daño antijurídico (el caso concreto analizado en la sentencia es un ejemplo) como de derecho: el artículo 90 de la Constitución Nacional, para admitir que en Colombia el legislador como autoridad estatal es responsable del daño antijurídico que ocasione. De hecho, así lo reconoció entonces el Consejo de Estado, pues en realidad la cuestión se redujo a la declaración de responsabilidad del Estado por el hecho de la ley, es decir, responsabilidad legislativa por un acto lícito que causó un daño antijurídico.

En el mismo sentido, cabe destacar que la expedición de la ley 6 de 1972 se hizo cumpliendo internamente las mismas condiciones generales de trámite de cualquier otra disposición y que se presume ajustada a los cánones constitucionales, por lo que, frente a la prescripción del artículo 90 de la Constitución Nacional, si ésta o cualquier otra norma o actuación lícita o ilícita de una autoridad pública causa un daño antijurídico, el Estado será responsable patrimonialmente.

En consecuencia, queda claro que en la formación de la ley, cualquiera que ésta sea,[19] interviene el legislador[20] fundamentalmente por ser una competencia suya y las demás autoridades públicas, ya sea en el proceso de iniciativa, de formación, o en el de la sanción.[21]

---

[19] En Colombia existe la siguiente clasificación de la ley: ley ordinaria, ley orgánica, ley estatutaria, ley cuadro o marco. Algunas otras que se pueden identificar son: ley para otorgar al presidente facultades extraordinarias para expedir normas con fuerza de ley; ley para aprobar o improbar tratados, convenios o contratos.

[20] Colombia, Constitución Política, artículo 114. "Corresponde al Congreso de la República reformar la Constitución, hacer las leyes y ejercer control político sobre el gobierno y la administración. [...].

Artículo 150. Corresponde al Congreso hacer las leyes. Por medio de ellas ejerce las siguientes funciones".

[21] Los artículos 154 y 156 de la Constitución Política de Colombia señalan qué autoridades tienen iniciativa legislativa:

"Artículo 154. Las leyes pueden tener origen en cualquiera de las Cámaras a propuesta de sus respec-

La segunda afirmación que se destaca se refiere al aspecto procesal de la responsabilidad del legislador. El Consejo de Estado agrega en la sentencia citada que la jurisdicción contencioso administrativa acorde al artículo 82 del Código Contencioso Administrativo —C.C.A— es la que debe conocer de las reclamaciones que se formulen contra el Estado por los daños que sean producidos por la adopción de una convención como ley y de su aplicación en cumplimiento de compromisos internacionales. A continuación se transcribe el aparte correspondiente que aparentemente se refería a aspectos novedosos:

> Si bien el Estado Colombiano es soberano para el manejo de sus relaciones internacionales, ello no obsta para que ante la jurisdicción contencioso administrativa colombiana pueda ser convocado a responder por las consecuencias de sus actos que como en el caso presente se trata de un acto complejo.

La tesis expuesta en la sentencia IJ-001 que se acaba de explicar fue retomada por el Consejo de Estado en la sentencia IJ-002 de 1998,[22] donde, en otros términos pero manteniendo el rigor de los argumentos, se llegó a

---

tivos miembros, del Gobierno Nacional, de las entidades señaladas en el artículo 156, o por iniciativa popular en los casos previstos en la Constitución.

No obstante, sólo podrán ser dictadas o reformadas por iniciativa del Gobierno las leyes a que se refieren los numerales 3, 7, 9, 11 y 22 y los literales a, b y e, del numeral 19 del artículo 150; las que ordenen participaciones en las rentas nacionales o transferencias de las mismas; las que autoricen aportes o suscripciones del Estado a empresas industriales o comerciales y las que decreten exenciones de impuestos, contribuciones o tasas nacionales.

Artículo 156. La Corte Constitucional, el Consejo Superior de la Judicatura, la Corte Suprema de Justicia, el Consejo de Estado, el Consejo Nacional Electoral, el Procurador General de la Nación, el Contralor General de la República, tienen la facultad de presentar proyectos de ley en materias relacionadas con sus funciones".

[22] Colombia. Consejo de Estado, Sala Plena de lo Contencioso Administrativo. Sentencia del 8 de septiembre de 1998. Ref.: Exp. No. IJ-002 de 1998, Consejero Ponente: Daniel Suárez Hernández. En este caso como en el de la Sentencia IJ-001 de 1998, el demandante pretende que se atribuya responsabilidad al Estado colombiano por un acto legislativo, consistente en haber expedido la Ley 6° de 1972, por la cual aprobó la convención de Viena sobre relaciones diplomáticas, ley que estableció la inmunidad jurisdiccional de los miembros de la misión diplomática. En este caso, los hechos de la demanda relatan la ocurrencia de un accidente causado por un automóvil que era conducido por un miembro de la misión diplomática de los Estados Unidos. El vehículo era de propiedad de dicha Embajada y en el accidente se produjeron lesiones personales a un ciudadano colombiano.

la misma conclusión de atribuir al Estado la obligación de reparar el daño causado por un agente diplomático, debido a la imposibilidad de la víctima de obtener la indemnización por la vía correspondiente, teniendo en cuenta que el legislador adoptó una disposición que limita "la posibilidad que tiene toda persona de acceder a la justicia colombiana, ante el juez natural y dentro de las reglas del debido proceso (arts. 2°, 6°, 29, 90 y 229 de la Constitución Política)", en este caso, contra agentes diplomáticos, imponiendo que si se quiere la reparación el afectado deba demandar ante la justicia del país a la cual pertenece el agente diplomático.

De no acceder el Estado a pagar esa indemnización, se mantendría la desigualdad en el acceso a la administración de justicia, un desequilibrio ante las cargas públicas que la víctima no está en el deber jurídico de soportar. Dijo entonces el Consejo de Estado:

> Empero, si bien la Corporación considera que [...] no se configura el pretendido error legislativo en el acto de aprobación de la Convención, sí encuentra que los efectos de su aplicación en el territorio colombiano en el caso concreto, configuran el denominado daño antijurídico que se materializa en la imposibilidad en que se encuentran los hoy demandantes de poder perseguir ante el juez nacional competente —juez natural— la declaratoria de responsabilidad y su correspondiente indemnización del directo causante del daño, situación perjudicial ésta, que desde la perspectiva del estado social y democrático de derecho, comporta la restricción del derecho fundamental del acceso a la justicia.

Reitera la corporación que esa restricción "genera una carga excepcional que no están obligados a soportar" y "consecuencialmente se viola el principio de igualdad frente a las cargas públicas, o de la igualdad de las personas ante la ley, [...] por lo que se impone al Estado el deber de asumir el resarcimiento de las obligaciones indemnizatorias correspondientes".[23]

Es importante anotar que el Consejo de Estado se refiere en esta sentencia a dos tipos de daños:

---

[23] Colombia. Consejo de Estado Sala Plena de lo Contencioso Administrativo. Exp. IJ-002, op. cit.

- El daño que sufre la víctima en su patrimonio y que se origina por una actuación (ilícita) de un tercero.
- El daño antijurídico que ocasiona el Estado por la adopción y aplicación de una ley y que consiste en privar a un ciudadano del ejercicio de un derecho.

No obstante lo anterior, no existen pronunciamientos similares del Consejo de Estado frente a otros temas de aplicación o modificación legislativa donde se atribuya responsabilidad al Estado por las actuaciones de las autoridades en este aspecto y se concluya en la necesidad de reparar los daños derivados de la ley, salvedad de lo dispuesto por la propia Constitución en los artículos 58, 150 numeral 17, 336 y 365, los que contemplan supuestos de obligación reparatoria por la actuación del legislador, lo que nos llevará en este trabajo a hacer un esfuerzo constructivo con fundamento en el artículo 90 para determinar la responsabilidad del Estado legislador en el ámbito tributario, como se verá en el capítulo siguiente.

Es importante retomar las conclusiones que arrojan los dos fallos del Consejo de Estado sobre la viabilidad de la responsabilidad del Estado por la actuación del legislador:

- Procede aunque exista una actuación legítima de las autoridades.
- Se fundamenta en el daño especial que ocasiona la aplicación de la ley; daño antijurídico que le genera a la víctima un rompimiento del equilibrio ante las cargas públicas.
- La víctima de este daño está llevando una carga desproporcionada que debe equilibrarse mediante la indemnización, debido a que no se puede inaplicar la ley.
- El Estado debe reparar el perjuicio sufrido porque el hecho que generó el daño antijurídico le es imputable.
- El daño es antijurídico porque el sacrificio de la víctima rompe la igualdad en las cargas públicas y la igualdad de las personas frente a la ley.
- El Estado constitucionalmente es responsable de los daños antijurídicos que se deriven de la acción u omisión de las autoridades públicas.

A continuación presentaremos otras cuestiones relacionadas con la responsabilidad por el hecho de la ley, a las que se han referido la Corte Constitucional y el Consejo de Estado.

Comencemos por señalar que a partir del análisis del artículo 90 de la Constitución Nacional, en armonía con otros principios y normas vigentes en nuestro ordenamiento jurídico, la Corte Constitucional ha afirmado que se debe proteger el patrimonio de los particulares, lo que supone el resarcimiento en los casos en que exista un daño antijurídico, entendido éste como aquel que el particular no está obligado a soportar y que equivale a una desigualdad ante las cargas públicas. Así mismo, deja en un segundo plano la cuestión de si el daño se causó en una actuación legal o ilegal, porque lo relevante es la protección a las víctimas. Ha dicho la Corte:

> La Corte Constitucional ha entendido que esta acepción del daño antijurídico como fundamento del deber de reparación estatal armoniza plenamente con los principios y valores propios del Estado Social de Derecho debido a que al Estado corresponde la salvaguarda de los derechos y libertades de los administrados frente a la propia Administración. Igualmente ha considerado que se ajusta a distintos principios consagrados en la Constitución, tales como la solidaridad (Art. 1º) y la igualdad (Art. 13), y en la garantía integral del patrimonio de los ciudadanos, prevista por los artículos 2 y 58 de la Constitución.[24]

En la misma sentencia citada la Corte definió el margen de responsabilidad del Estado legislador, ubicándolo dentro de la responsabilidad estatal que contempla el artículo 90 de la Constitución Nacional, pero dejando en cabeza del mismo legislador la definición de los títulos de imputación jurídica que le serían aplicables. Al respecto dijo la Corte:

> La responsabilidad patrimonial del Estado por los hechos, acciones u omisiones imputables al Poder Legislativo está expresamente contemplada en el artículo 90 constitucional, pues cualquier otra

[24] Colombia. Corte Constitucional, Sentencia C-038 de 2006, Magistrado Ponente: Humberto Antonio Sierra Porto.

> posibilidad sería abiertamente inconstitucional desde la perspectiva del Estado Social de Derecho y de los principios y valores que rigen nuestro ordenamiento constitucional tales como la solidaridad, la igualdad, la justicia material y la supremacía de la Constitución.
>
> [...]
> Por lo tanto determinar el régimen particular de la responsabilidad del Estado legislador, o si se prefiere los títulos de imputación del daño antijurídico a la actuación u omisión del Congreso de la República, es una tarea que en todo caso corresponde precisar al propio Legislador en ejercicio de su potestad configuradora y a la jurisprudencia contencioso administrativa, como juez especializado en la materia.[25]

Además de estos importantes planteamientos de la Corte Constitucional, cabe mencionar que aun antes de que se expidiera la actual Constitución, en el año 1990 el Consejo de Estado se pronunció sobre el tema de la responsabilidad por el hecho de la ley[26] en el caso de una demanda ordinaria interpuesta contra el Departamento del Valle del Cauca, en la cual el actor pretendía "se declare que la entidad demandada 'es administrativamente responsable de los perjuicios económicos' que le ocasionara [...], como consecuencia de la expedición de la Ordenanza No. 025 de 2 de diciembre de 1981 por parte de la Asamblea Departamental y del Decreto 0623 de 30 de marzo de 1982", actos por medio de los cuales se estableció un nuevo impuesto sobre licores extranjeros, "pero disfrazado bajo la forma de servicio de bodegaje de licores nacionales y extranjeros" que se cobró a los licores que fueran introducidos al Valle del Cauca.

En dicha providencia la corporación hace un recuento de lo que respecto a la responsabilidad derivada de la ley han señalado la jurisprudencia y la doctrina extranjeras, concluyendo que, para llegar a reconocer la aplicación de tal teoría, es necesario poder deducir que existe un asentimiento del legislador para que sean indemnizados los perjuicios ocasionados con una actuación suya.

Este caso es importante porque evidencia que el Consejo de Estado, antes de la existencia del actual artículo 90 constitucional, había ya señalado que en

---

[25] Sentencia C-038 de 2006, Ibíd.

[26] Colombia, Consejo de Estado, Sala de lo Contencioso Administrativo, Sección Tercera, sentencia del 18 de octubre de 1990 Exp.1990-N5396. Consejero Ponente: Julio César Uribe Acosta.

nuestro medio es factible dicha responsabilidad de presentarse las condiciones descritas en la jurisprudencia y la doctrina extranjeras; sin embargo, considera que en tal demanda no se presentan las circunstancias que se requieren para que proceda la misma, debido a la falta de elementos que permitan deducir la voluntad del legislador en tal sentido. Se destaca la labor innovadora de esta corporación y, por supuesto, el aporte que hace dándole cabida en Colombia a la tesis según la cual el legislador puede llegar a responder por los perjuicios que devengan de la ley, señalando acertadamente que la responsabilidad del legislador podría "abrirse paso" vía jurisprudencia. Veamos qué dijo entonces la Sala:

> En el *sub-lite* la interpretación de la voluntad del legislador no permite inferir que éste, teniendo en cuenta las circunstancias, tuviera la decisión de que se indemnizara a los posibles damnificados con los efectos jurídicos producidos por la Ordenanza No. 025 de 2 de diciembre de 1981 y el Decreto 0623 de 30 de marzo de 1982.
>
> Los casos citados por Rivero, en que la jurisprudencia francesa ha aceptado excepcionalmente la responsabilidad por el hecho de las leyes, permiten concluir que, dentro de circunstancias distintas a las que se recogen dentro del presente proceso, bien podría abrirse paso, por la vía jurisprudencial, este nuevo frente de responsabilidad del Estado legislador.

Y concluye afirmando "la Sala reitera, pues, que dentro de la filosofía jurídica que se deja expuesta, es posible que, en una situación bien distinta a la que se registra en el presente proceso se abra paso un régimen de responsabilidad, que dé lugar a la indemnización de perjuicios por la actividad del Estado-Legislador, pero dentro del temperamento que se deja estudiado".[27]

En la sentencia 14577 se analizó el rompimiento del equilibrio económico del contrato derivado de la teoría de la imprevisión o del hecho del príncipe en cuanto a si es posible reconocer que las cargas impositivas afectan la ecuación financiera del contrato estatal,[28] con lo que se llegó a la conclusión de

[27] Ibíd.

[28] Colombia. Consejo de Estado, Sala de lo Contencioso Administrativo, Sección Tercera, Sentencia del 29 de mayo de 2003, Exp. 14577. Consejero Ponente: Ricardo Hoyos Duque: "En el presente caso

que, para admitir que las cargas tributarias afectan el equilibrio económico del contrato, se debe demostrar en cada caso "su incidencia en la economía del contrato estatal y en el cumplimiento de las obligaciones del contratista". A renglón seguido, la corporación señaló que en tal evento, como en el de la responsabilidad por el hecho de la ley, se debe presentar un daño que exceda las cargas normales: "Esta exigencia también está en consonancia con lo que a propósito de la responsabilidad por el hecho de la ley, con fundamento en el daño especial, ha señalado la doctrina: debe tratarse de un perjuicio que por su especificidad y gravedad, sobrepase los normales sacrificios impuestos por la legislación".[29]

Como corolario de lo anterior expresó el Consejo de Estado que la fijación de nuevos impuestos, o su incremento, efectivamente puede ser considerada como un factor que llegue a afectar el equilibrio económico del contrato[30] pero que tal daño debe tener las características de ser cierto y especial, en otras palabras, que descompense la ecuación o el equilibrio financiero porque exceda el alea normal, circunstancias que corresponde acreditar como es debido al demandante en cada caso. Tales afirmaciones permiten evidenciar que, en Colombia, sí se ha reconocido la procedencia de ciertas indemnizaciones como compensación por consecuencias derivadas directamente de la ley. En esa ocasión afirmó el Consejo de Estado:

> Es cierto que la fijación de nuevos impuestos o su incremento puede afectar el equilibrio económico del contrato, pero es necesario que el contratista pruebe que el mayor valor que asume por la carga impositiva afecta en forma grave y anormal la utilidad esperada, si pretende ver restablecida dicha ecuación, que fue lo que en el presente caso no

---

por tratarse de un gravamen creado por una ley expedida por el Congreso de la República, que no fue expedida por la entidad pública contratante, el daño no es imputable a una de las partes de la relación contractual y por consiguiente, no puede decirse que se está frente a un hecho del príncipe. No cabe duda, sin embargo, que la medida en mención fue imprevisible para las partes al momento de celebrar el contrato 0411 de 1989".

[29] Sentencia del 29 de mayo de 2003, Ibíd.

[30] "La doctrina, como ya se dijo, coincide en señalar que para el restablecimiento del equilibrio económico del contrato, sea que se invoque la teoría del hecho del príncipe o la imprevisión, la ecuación económico financiera del contrato, considerada al momento de su celebración, debe alterarse por un álea (sic) anormal o extraordinaria". Consejo de Estado, sentencia citada.

> ocurrió. Al no haberse demostrado por el demandante que el cobro de la contribución le causó un daño cierto y especial, que alteró más allá de los áleas (sic) normales la ecuación financiera del contrato, habrán de negarse las pretensiones de la demanda encaminadas al restablecimiento económico de dicha ecuación.

El Tribunal Administrativo de Cundinamarca, Sección Tercera, Subsección A, también se pronunció sobre la responsabilidad derivada de la adopción de disposiciones normativas. En el año 2003 conoció una demanda que, en ejercicio de la acción de reparación directa prevista por el artículo 86 del Código Contencioso Administrativo, interpuso la Sociedad Makro de Colombia S.A. "por el daño antijurídico consistente en el sacrificio patrimonial experimentado y causado" por la parte demandada: la Nación Colombiana, Ministerio de Hacienda y Crédito Público, como consecuencia del ejercicio de la potestad reglamentaria de la ley 223 de 1995, mediante el artículo 8º literal b del Decreto 650 de 3 de abril de 1996.

La providencia mencionada recoge los diferentes argumentos que se han venido exponiendo hasta ahora en este trabajo sobre la responsabilidad del Estado por la aplicación de normas, siendo un claro ejemplo de la suficiencia de elementos normativos y de la madurez interpretativa alcanzada por el juez en nuestro medio para darle cabida a este tipo de responsabilidad. Cabe mencionar que en este caso el Tribunal utilizó el tipo de responsabilidad legislativa que deriva de la declaración de nulidad o inexequibilidad de la norma, la cual se conoce en otros ordenamientos como responsabilidad subjetiva del legislador.

Sin embargo, teniendo en cuenta que el artículo 90 de la Constitución Nacional basa su silogismo en la producción de un daño antijurídico, sin hacer referencia a la culpa, la declaración de inexequibilidad o de ilegalidad de la norma de que se trate, en principio, no es necesaria para que se pueda reconocer la responsabilidad estatal del legislador; en otras palabras, en Colombia, conforme a lo dispuesto en el artículo 90, cláusula general de responsabilidad, procede la responsabilidad del Estado legislador cuando se acredite un daño antijurídico derivado de la aplicación de una norma, daño que los ciudadanos no estén en la obligación de soportar. Así mismo, como se mencionó en el análisis de las actas de la Asamblea Nacional Constituyente, la voluntad del constituyente fue darles un tratamiento especial a las víctimas de los daños que ocasionara el Estado, independientemente de la culpa en la realización del mismo.

En el análisis del caso citado, el Tribunal afirma que encuentra demostrados los siguientes hechos:

2. Que el artículo 8º del mencionado Decreto, estableció la "Base gravable en la inscripción de contratos o reforma de sociedades y otros actos" y, en su literal b) determinó que para el "[...] aumento de capital suscrito", el impuesto se liquidara sobre el valor del respectivo aumento.
3. Que en vigencia de la norma, la sociedad Makro de Colombia S.A., aumentó en tres oportunidades su capital suscrito, el 16 de septiembre de 1996, el 24 de octubre de 1996 y el 9 de marzo de 1998, viéndose obligada a pagar el impuesto de registro por las sumas de $88'072.010, $186'627.800 y $229'594.035, respectivamente.
4. Que, mediante sentencia del 4 de septiembre de 1998, el Consejo de Estado declaró la nulidad de la disposición, en cuanto a la imposición del gravamen de registro sobre el aumento del capital suscrito de las sociedades, considerando que el Presidente de la República había excedido la facultad reglamentaria creando un tributo no establecido en la ley, atribuyéndose una potestad correspondiente al Congreso con violación, además, de la ley reglamentada.

En su exposición la Sala realizó importantes conclusiones que se transcriben a continuación, debido al aporte que hacen frente a la configuración de la responsabilidad del Estado por el hecho de la ley en Colombia, tema que desarrolla este trabajo:

1. La acción de reparación directa es el mecanismo para obtener la indemnización en los casos de responsabilidad del Estado legislador por el hecho de la ley. La vía judicial para "reclamar perjuicios derivados de la aplicación a casos concretos de un acto administrativo de carácter general expedido con violación de normas superiores [...] *es la acción de reparación directa*, no así la de nulidad y restablecimiento

del derecho, por tratarse en este caso de un acto de carácter general" (Cursiva fuera de texto).[31]

2. La ley en sentido material sí es fuente de responsabilidad del Estado, conforme a lo previsto en el artículo 90 de la Constitución Nacional:

> El acto administrativo contenido en el Decreto 650 de 1996, expedido por el Presidente de la República en ejercicio de la potestad reglamentaria consagrada por el numeral 11 del artículo 189 de la Constitución, en cuanto creó una nueva carga impositiva para las sociedades que aumentaran su capital suscrito, tiene carácter general, impersonal y abstracto, condiciones que le otorgan el carácter de *la ley en sentido material y ubican el caso concreto dentro de los presupuestos de la responsabilidad del Estado por "el hecho de la ley" que se subsume dentro de la cláusula general de responsabilidad consagrada actualmente por el artículo 90 de la Constitución Nacional* [...] (Cursiva fuera de texto).[32]

3. La responsabilidad del Estado legislador está relacionada con las cargas públicas que aquél impone a los ciudadanos. Tanto en la hipótesis de estudio de este trabajo como en la providencia del tribunal se entra a analizar específicamente la responsabilidad del *Estado legislador* frente a las cargas impositivas que gravan (impuestos, tasas, contribuciones) o desgravan (exenciones) a los ciudadanos y el tratamiento que a través de la ley se da a las mismas:

> En relación con esta clase de responsabilidad se ha sostenido por la doctrina y la jurisprudencia que *los asociados están obligados a soportar las cargas que les imponen los actos emitidos por el Estado legislador*, cuando dichos actos se acomodan con el ordenamiento jurídico fundando su validez en la concordancia con la Constitución o la ley que les sirve de soporte (Cursiva fuera de texto).[33]

---

[31] Tribunal Administrativo de Cundinamarca, Sección Tercera, Subsección A, Bogotá D.C., Sentencia del 20 de febrero de 2003, Ref. Exp.: 20001907. Magistrado Ponente: Héctor Álvarez Melo.

[32] Sentencia Ibíd.

[33] Sentencia Ibíd.

Al respecto, como se verá en el Capítulo 4 del presente trabajo, la Constitución Nacional establece en diferentes artículos la obligación de soportar las cargas públicas, verbigracia en el artículo 95 señalando que "El ejercicio de los derechos y libertades reconocidos en esta Constitución implica responsabilidades [...] Toda persona está obligada a cumplir la Constitución y las leyes". También se establece constitucionalmente el tipo de obligaciones pecuniarias que tienen los ciudadanos frente al Estado en el mismo artículo 95 numeral 9º,[34] que hacen parte de esas cargas públicas que impone el Estado legislador.

De otra parte, los artículos 150, 154[35] y 338[36] de la Constitución Nacional disponen en cabeza del legislador, en representación de los ciudadanos y como parte del Estado, por supuesto, la potestad de crear las contribuciones que deben pagar los habitantes, siendo él mismo quien está autorizado para decretar las exenciones a los tributos que establezca. Por consiguiente, es el legislador el responsable de los efectos que sus actuaciones ocasionen en el evento de generar daños sea por leyes impositivas o de exenciones.

4. El equilibrio en las cargas públicas puede verse afectado por la actuación del Estado legislador. El rompimiento del principio de igualdad frente a las cargas públicas, como consecuencia de la aplicación de una disposición normativa es el factor que tipifica un daño antijurídico y por lo tanto surge el deber de repararlo:

---

[34] Constitución Política de Colombia, Artículo 95. "Son deberes de la persona y del ciudadano: 9. Contribuir al financiamiento de los gastos e inversiones del Estado dentro de conceptos de justicia y equidad".

[35] Constitución Política de Colombia, Artículo 154. "[...].No obstante, sólo podrán ser dictadas o reformadas por iniciativa del Gobierno las leyes a que se refieren los numerales 3, 7, 9, 11 y 22 y los literales a, b y e, del numeral 19 del artículo 150; las que ordenen participaciones en las rentas nacionales o transferencias de las mismas; las que autoricen aportes o suscripciones del Estado a empresas industriales o comerciales y las que *decreten exenciones de impuestos, contribuciones o tasas nacionales*" (Cursiva fuera de texto).

[36] Constitución Política de Colombia, Articulo 338. En tiempo de paz, solamente el Congreso, las asambleas departamentales y los concejos distritales y municipales podrán imponer contribuciones fiscales o parafiscales. La ley, las ordenanzas y los acuerdos deben fijar, directamente, los sujetos activos y pasivos, los hechos y las bases gravables, y las tarifas de los impuestos. [...]

Artículo 189. Corresponde al Presidente de la República como Jefe de Estado, Jefe del Gobierno y Suprema Autoridad Administrativa:

11. Ejercer la potestad reglamentaria, mediante la expedición de los decretos, resoluciones y órdenes necesarios para la cumplida ejecución de las leyes.

> [...] pero, por el contrario, si la carga que debe cumplir el administrado proviene de un acto inválido por ser violatorio de normas superiores *se rompe el principio de igualdad ante las cargas públicas y los detrimentos patrimoniales originados en esta clase de actos deben ser indemnizados ante la declaración por la autoridad competente de su inexequibilidad o nulidad, según el caso* (Cursiva fuera de texto).[37]

Cuando en este escrito se analiza la responsabilidad del Estado legislador es importante aclarar que la intención no es juzgar la conducta individual de los miembros del órgano legislativo,[38] más bien interesa hacer un aporte para que los ciudadanos afectados, en ciertos casos, puedan contar con elementos que les permitan solicitar la reparación de los perjuicios que se derivan de la aplicación de una norma que se presume fue expedida en desarrollo de una actuación legítima, pero cuyos efectos producen un daño que el ciudadano no está en el deber jurídico de soportar. Se hace de esta forma el mismo razonamiento que hizo el Consejo de Estado en las citadas sentencias, por lo que el resultado es el mismo: el Estado asume la indemnización.

Otros aportes relevantes que han hecho la Corte Constitucional y el Consejo de Estado en varios de sus pronunciamientos[39] para establecer las líneas de interpretación del artículo 90 constitucional como "la cláusula general de

---

[37] Sentencia 20 de febrero de 2003. Ibíd.

[38] "Al examinar la forma como se ha legislado en materia tributaria bajo la vigencia de la Constitución de 1991, se advierten graves deficiencias, que son imputables tanto al Gobierno, en la preparación de los proyectos de ley, como al Congreso, en la aprobación de las leyes". En: *La seguridad jurídica en el derecho tributario colombiano.* Trabajo de posesión como miembro correspondiente del Dr. Juan Rafael Bravo Arteaga, Bogotá, 18 de mayo de 2005. En sesión solemne cumplida el 18 de mayo de 2005, el jurista Juan Rafael Bravo Arteaga se posesionó como Miembro Correspondiente de la Academia Colombiana de Jurisprudencia. Este comentario demuestra cómo la doctrina formula reparos a las actuaciones del Legislador y del Ejecutivo en la elaboración de la ley, los cuales no se dirigen a una persona en particular sino al órgano como tal, por lo que cuestionar la actuación legislativa no implica descalificar individualmente al funcionario y pretender la responsabilidad de la Corporación, simplemente apunta a permitir la reparación de un perjuicio en un caso particular y concreto.

[39] Ver al respecto artículo 90 de la Constitución Política y sus implicaciones entre otras las sentencias: de la Corte Constitucional: T-468 de 1992, C-543 de 1992, C-058 de 1993, C-04 de 1996, C-037 de 1996, C-333 de 1996, C-358 de 1996, C-274 de 1998, C-088 de 2000, C-430 de 2000, C-100 de 2001, C-832 de 2001, C- 1149 de 2001, C-235 de 2002 y C-043 de 2004. A su vez, del Consejo de Estado: sentencia del 22 de noviembre de 1991, de 26 de noviembre de 1992, de 2 de marzo de 1993, de 13 de julio de 1993, de 8 de mayo de 1995, de 21 de junio de 1995 y de 29 de marzo de 1996.

responsabilidad patrimonial del Estado, aplicable no solo a la responsabilidad extracontractual del Estado sino también a los regímenes de responsabilidad precontractual y contractual"[40] se resumen a continuación:

En sentencia del 13 de febrero de 1996, expediente número 11213, el Consejo de Estado afirmó que corresponde al Estado la obligación de proteger a los ciudadanos —argumento muy similar a aquellos que utilizaba en vigencia de la constitución anterior— como fundamento para deducir su deber de entrar a responder por los daños que éstos sufran. No obstante, la corporación complementó su interpretación acudiendo a lo previsto en algunos de los artículos de la actual Constitución, llegando a concluir, como se ha visto en otras sentencias citadas, que la responsabilidad se basa en la existencia de un daño antijurídico que la víctima no tenga la obligación de soportar y en la imputación del mismo al Estado a través de cualquiera de los títulos de atribución:

> El Estado debe proteger a todas las personas residentes en Colombia y garantizar su vida, honra y bienes, hasta el punto de responder "patrimonialmente por los daños antijurídicos que le sean imputables, causados por la acción o la omisión de las autoridades públicas", según los artículos 2, 11 y 90 de la Constitución Política Colombia.
>
> En la sentencia del 13 de julio de 1993, (expediente número 8163. Consejero ponente: doctor Juan de Dios Montes Hernández) la Sala sostuvo que se compromete la responsabilidad del Estado cuando se presentan estos dos elementos: daños antijurídico e imputabilidad del daño al Estado.
>
> El primero es la lesión de un interés legítimo que la víctima no tiene obligación de soportar y el segundo es la atribución del daño, que tiene a la falla del servicio como título por excelencia.[41]

---

[40] Consejo de Estado, Sección Tercera. Sentencia del 8 de mayo de 1995, Exp. 8118. Consejero Ponente: Juan de Dios Montes Hernández.

[41] Consejo de Estado, Sala de lo Contencioso Administrativo, Sección Tercera, sentencia del 13 de febrero de 1996. Exp. 11213. Consejero Ponente: Juan de Dios Montes Hernández.

Una valiosa contribución se hizo también en la sentencia del Consejo de Estado 16696, con ponencia del consejero Enrique Gil Botero en el año 2007, respecto a la teoría del daño especial como título de atribución de responsabilidad de carácter objetivo. La Sala se refirió en esa sentencia a los elementos que la misma contiene, a saber: los principios de equidad, la igualdad y la solidaridad. Afirmó entonces la corporación que "esta teoría, con fuerte basamento en la equidad, la igualdad y la solidaridad, se enmarca dentro de los factores objetivos con los que se ha enriquecido el catálogo de títulos de imputación al Estado".[42]

Así mismo, explicó que en el daño especial "el título de imputación tiene fundamento en la equidad y en la solidaridad como materialización del reequilibrio ante una ruptura de la igualdad frente a las cargas públicas, fruto del perjuicio especial y anormal que debe soportar el administrado".[43]

La providencia plantea que este título de atribución de responsabilidad estatal es de aplicación excepcional y subsidiaria y frente a daños o perjuicios que tengan las características de ser excepcionales y anormales siendo procedente en la responsabilidad de tipo objetivo: "El daño especial ha sido entendido como un título de imputación de aplicación excepcional, que parte de la imposibilidad de resarcir un daño claramente antijurídico con fundamento en un régimen subjetivo de responsabilidad".[44]

---

[42] Consejo de Estado, Sala de lo Contencioso Administrativo, Sección Tercera, sentencia de 03 de mayo de 2007, Exp. 16696. Consejero Ponente: Enrique Gil Botero.

[43] Sentencia Ibíd. En el mismo sentido, la corporación explicó la relación entre las cargas públicas y la excepcionalidad del daño, señalando que la responsabilidad se deriva de la excepcionalidad y anormalidad del daño mismo más que del hecho o actuación que lo genera, así: "En este sentido, respecto de las calidades del perjuicio sufrido, se estableció por el Consejo de Estado desde los primeros años de implementación de esta teoría. [...] El Estado en ejercicio de su soberanía puede en veces afectar los derechos de los particulares, pero si esa afectación es igual para todos los individuos que se encuentran en las mismas condiciones no hay violación de la justicia distributiva que justifique jurídicamente la responsabilidad. Es por tanto característica de la responsabilidad del Estado que el daño sea especial, lo que ocurre según Bonnard, cuando en una categoría dada de individuos, colocados en una misma situación, el daño no afecta sino a uno o algunos de ellos, pues si todos los que se hallen en estas situaciones son o pueden ser afectados por el daño, el individuo se encuentra en presencia de una carga pública, como lo son, por ejemplo: los inconvenientes normales de vecindad que todo propietario debe soportar por el hecho de las propiedades vecinas. *El daño debe ser, por tanto excepcional y anormal, porque la responsabilidad no proviene de la naturaleza del hecho que cause el daño, sino del carácter singular o excepcional del daño ocasionado*" (Cursivas fuera de texto, resaltada por el Consejo de Estado en la sentencia citada).

[44] Sentencia Ibíd.

Para determinar la excepcionalidad y anormalidad del perjuicio, se debe analizar el mismo de cara al principio de igualdad frente a las cargas públicas por lo que, al resultar superior el sacrificio (excepcional y anormal) en el caso concreto, se está en presencia de un daño especial.

> En otras palabras, la teoría del daño especial, contando con el substrato de la equidad que debe inspirar toda decisión judicial, se vale de la igualdad para fundamentar las soluciones que buscan restablecer el equilibrio ante las cargas de la administración en situaciones concretas, objetivo que se alcanza gracias a la asunción del principio de solidaridad como argumento de impulsión de la acción reparadora del Estado, como se observará al momento de considerar el caso concreto.[45]

Finalmente, es importante destacar que en este pronunciamiento el Consejo de Estado se refirió además a las explicaciones de la Asamblea Nacional Constituyente sobre el contenido y el alcance del régimen de responsabilidad del artículo 90 de la Constitución Nacional, que ya había sido analizado en este mismo capítulo. Precisó entonces el Consejo de Estado:

> En este sentido, en la Asamblea Nacional Constituyente, al reflexionar sobre el texto y sentido del que finalmente sería el art. 90 Const., hizo esta misma distinción, oportunidad en la que se expresó:
>
> La noción de daño en este caso, parte de la base de que el Estado es el guardián de los derechos y garantías sociales y que debe, por lo tanto, *reparar la lesión que sufre la víctima de un daño causado por su gestión, porque ella no se encuentra en el deber jurídico de soportarlo.*
>
> [...]
> *La responsabilidad se deriva del efecto de la acción administrativa y no de la actuación del agente de la Administración causante material del daño,* es decir, se basa en la posición jurídica de la víctima y no sobre la conducta del actor del daño, que es el presupuesto de la responsabilidad entre particulares (Cursiva del Consejo de Estado).[46]

---

[45] Ibíd.

[46] Sentencia Ibíd. El Consejo de Estado citó a Augusto Ramírez Ocampo. "Ponencia para segundo debate de la nueva Constitución Política de Colombia", en Gaceta Constitucional n° 112, 3 de julio de 1991, pp. 7 y 8.

La doctrina extranjera ha considerado los mismos elementos de justicia y solidaridad que ha venido construyendo la jurisprudencia nacional como fundamento constitucional de la responsabilidad objetiva del Estado para que éste asuma, en nombre de la comunidad, la reparación de los daños excepcionales de ciertos sujetos, reconociendo que, aunque puede obrar dentro de sus atribuciones, dicha circunstancia no lo exime de la reparación cuando el daño es antijurídico o injusto. Veamos:

> De este modo, cuando el Estado, actuando, por definición, en nombre de la Comunidad, inflige un daño injusto a alguien, haciendo por lo tanto, el enfoque de daños en esa persona, la demanda de justicia distributiva, la dilución de ese daño o la distribución de sus efectos en toda la Comunidad, que una vez más representado por el Estado, debe reparar los daños, que se producirán a través de la responsabilidad objetiva del Estado.[47]

En otra sentencia, la misma corporación se refirió a la necesidad de que existan dos elementos en el ordenamiento jurídico para hacer posible el juicio de responsabilidad estatal; éstos son el control jurisdiccional de las normas y un marco jurídico preexistente.

En dicho marco legal preexistente afirma que se debe hallar la disposición que se cree vulnerada, la que, al ser comparada en el acto de control por parte del juez con la actuación que se revisa, permita establecer si efectivamente ocurrió una lesión al interés que estaba amparado en la norma. Así lo señaló el Consejo de Estado:

> La deducción de *responsabilidad patrimonial* del Estado, por principio, se deriva del ejercicio de un control de carácter jurisdiccional. En otras palabras, es un resultado de la actividad y decisión jurisdiccional.
>
> El control, en este caso, es paso indispensable para deducir la responsabilidad, y sólo es posible en la medida en que existan un órgano competente para hacerlo y un marco jurídico anterior, que permita

[47] Lacerda Troianelli, Gabriel. *Responsabilidad do Estado por dano tributário.* Dialética, Sao Paulo, 2004. p. 35. Traducción libre de la autora.

el cotejo de la actuación cuestionada. En este caso no existe ni lo uno ni lo otro (Cursiva del Consejo de Estado).[48]

En el caso de la responsabilidad del Estado legislador los dos elementos mencionados en la sentencia S-470 de 1995 para llevar acabo el juicio de responsabilidad estatal se encuentran provistos. En primer lugar, existe un control jurisdiccional que sería realizado por el órgano competente para los juicios de responsabilidad del Estado, que es el Consejo de Estado, teniendo en cuenta que se busca la indemnización del daño y que la vía más adecuada para conseguirlo es mediante la acción de reparación. En segundo lugar, se cuenta también con un marco jurídico preexistente que, en la hipótesis de este trabajo, se concreta en la norma que conceda la exención por un plazo determinado, por lo que, al ser ésta derogada por el legislador antes del término previsto en la misma, se genera un daño antijurídico al beneficiario, situación que encaja en el supuesto de responsabilidad estatal que establece el artículo 90 de la Constitución Política.

En resumen, el juicio de responsabilidad estatal sobre la responsabilidad del Estado legislador como consecuencia de la derogación de una norma antes del término previsto, en nuestro caso de exenciones, busca la reparación del daño antijurídico, que solo se puede llevar a cabo mediante la interposición de una acción de reparación directa.

En el caso que se estudia en este trabajo, la deducción de responsabilidad patrimonial del Estado legislador por un daño antijurídico originado en la derogación de una norma tributaria de exención solo es posible mediante la acción de reparación directa porque:

1. Se busca la reparación del daño antijurídico, esto es, compensar los ingresos dejados de percibir, es decir, lo que ahora debe pagar el "beneficiario" como contribuciones o tributos y que no había previsto pagar, teniendo en cuenta que contaba con una disposición expedida

---

[48] Colombia. Consejo de Estado, Sala Plena de lo Contencioso Administrativo, Rad. S - 470 de 1995, Consejero Ponente: Diego Younes Moreno. En esta sentencia la Sala Plena se ocupó de la demanda de un Senador de la República, debiendo "definir si como consecuencia de la decisión de la Asamblea Nacional Constituyente que privó al demandante de su investidura como Senador de la República a partir del 1° de diciembre de 1991, impidiéndole así completar el período electoral para el que había sido inicialmente elegido, se puede llegar a configurar una responsabilidad patrimonial a cargo de la Nación".

por el Estado legislador que lo eximía de una carga tributaria por un tiempo determinado, disposición que, al ser derogada antes del plazo, termina con el beneficio, situación que, por ser imprevisible para el "beneficiario", le ocasiona un daño especial en su patrimonio debido al cambio normativo.

2. La disposición que amparaba el beneficio —la exención— ya no existe en el ordenamiento, por lo que se está frente a un hecho que afecta de forma excepcional y anormal a un ciudadano, debido a que éste contaba con tener el beneficio de estar eximido por el tiempo suficiente para recuperar sus inversiones, por lo que, al producirse la derogación de la norma que amparaba esa exención, el Estado legislador le impuso una carga desigual respecto de la que asumen ordinariamente los ciudadanos que no han hecho las inversiones o desarrollado las actividades especiales que exigía la exención.
3. El acto de derogar una norma en términos generales es un acto válido del Estado legislador, por lo que no se busca cuestionar la legalidad o constitucionalidad del mismo o la legalidad o constitucionalidad de la nueva disposición. Lo que se pretende conforme a lo establecido en el artículo 90 de la Constitución Nacional es que el Estado legislador responda patrimonialmente por un daño antijurídico, por la acción de derogar una norma e indemnice el perjuicio que sufre el afectado, pues no interesa, conforme al nuevo orden constitucional, cuestionar en primer lugar la conducta del agente del Estado, para luego, en el evento de que exista dolo o culpa, sí entrar a proteger la situación de las víctimas. Por el contrario, la nueva Constitución establece que se privilegia la protección a las víctimas independientemente de que exista un reproche a la conducta del agente y se deja ese eventual cuestionamiento a los distintos mecanismos de control.
4. Es importante agregar que si una norma —en sentido material— de carácter general ha sido derogada, carece de sentido solicitar la nulidad o inexequibilidad de la disposición que la derogó con fundamento en la afectación patrimonial de un individuo en su caso particular y concreto y pretender, además, en el hipotético caso de que se declarara la nulidad o inexequibilidad en esas circunstancias, que luego el afectado interpusiera otra acción para obtener por fin la reparación del daño.

En la sentencia 21588 de 2002, cuya tesis consistió en que "la fijación de nuevos impuestos o el incremento de los ya existentes, constituye un ejemplo de hecho del príncipe",[49] el Consejo de Estado analizó la incidencia que tiene la modificación de la ley en la ecuación financiera del contrato estatal, estableciendo que, bajo ciertas condiciones que debe acreditar el contratista,[50] tal modificación en materia tributaria se traduce en el hecho del príncipe para un contrato estatal, debido a que, si se altera el equilibrio financiero de forma grave causando un detrimento patrimonial que el contratista no esté en la obligación de soportar, se rompe el principio de igualdad ante las cargas públicas respecto del contratista.

> La Sala concluye que la fijación de nuevos impuestos o el incremento de los ya existentes, con carácter general, es una medida que se ajusta a la noción del denominado "Hecho del Príncipe" y, por lo tanto, puede incidir en el ámbito contractual. Luego, no es acertado aseverar, por lo menos no bajo un juicio absoluto e inmodificable, que *los impuestos fijados por la ley no pueden constituir factor que altere la ecuación económica de los contratos, pues ello puede resultar contrario al principio de igualdad ante las cargas públicas* (Cursiva fuera de texto).[51]

En esencia, este es un típico caso de responsabilidad del Estado legislador denominado por la jurisprudencia como un hecho del príncipe, donde las nuevas disposiciones normativas en materia tributaria, como lo reconoce el

[49] Colombia. Consejo de Estado, Sala de lo Contencioso Administrativo, Sección Tercera, Sentencia del 7 de marzo de 2002. Exp. 21588 Consejero Ponente: Alier Eduardo Hernández Enríquez.

[50] "Así las cosas, el contratista debe probar la existencia objetiva del "Hecho del Príncipe", esto es, la fijación de nuevos tributos o el incremento de los ya existentes, las condiciones iniciales del contrato que considera se han alterado por causa de éste, dada la imprevisibilidad de dichas medidas, y que, por ende, para dar cumplimiento a sus obligaciones contractuales en esas "nuevas condiciones" ha debido asumir cargas anormales, extraordinarias, causantes de un detrimento patrimonial que no está obligado a soportar". Sin embargo en la sentencia el contratista no logró acreditar el rompimiento en el equilibrio contractual por lo que la Sala concluyó: "así las cosas, la prueba del mayor valor pagado por el incremento del IVA del 12 al 14%, resulta por sí sola insuficiente para aceptar, sin más, el rompimiento del equilibrio contractual, pues no resulta evidente, por lo menos en este momento procesal, que el mencionado incremento afectó de manera importante, anormal, la utilidad esperada por el contratista con la ejecución del contrato, o mejor aún, que repercutió en el cumplimiento de sus obligaciones contractuales al punto de ocasionarle un detrimento patrimonial que no está en la obligación de soportar".

[51] Ibíd.

Consejo de Estado, hacen más gravosa la situación económica del ciudadano —contratista— pues éste, para dar cumplimiento a las obligaciones contractuales en esas "nuevas condiciones" tributarias, debe asumir cargas anormales y extraordinarias que afectan su patrimonio, las cuales no le eran además previsibles, constituyéndose esas cargas irregulares en un daño antijurídico porque se rompe el equilibrio ante las cargas públicas. En consecuencia, procede la declaratoria de responsabilidad estatal del tipo legislativo o por el hecho de la ley, pues en ese tipo de circunstancias los ciudadanos sufren un daño antijurídico que no tienen la obligación de soportar.

Sobre la forma como se establece la incidencia del hecho del príncipe en el contrato estatal, por las modificaciones que hace el legislador a las normas tributarias, el Consejo de Estado, en la misma sentencia que se cita, agregó:

> El "Hecho del Príncipe" no opera, a priori, como factor desencadenante de la ruptura del equilibrio económico de los contratos; de allí que serán las particularidades de cada caso las que permitirán llegar a tal conclusión, siendo indispensable incorporar en el análisis de la hipótesis concreta, *el criterio de previsibilidad, puesto que, como lo explicara la Corte Constitucional, al contribuyente debe dársele la oportunidad de planear su presupuesto para incorporar en él el pago de los tributos que se llegaren a crear, pues de lo contrario, si no es posible prever tal situación y efectuar los ajustes correspondientes, el contribuyente puede verse afectado al tener que asumir intempestivamente dicho pago.* Así las cosas, el contratista debe probar la existencia objetiva del "Hecho del Príncipe", esto es, la fijación de nuevos tributos o el incremento de los ya existentes, las condiciones iniciales del contrato que considera se han alterado por causa de éste, dada la imprevisibilidad de dichas medidas, y que, por ende, para dar cumplimiento a sus obligaciones contractuales en esas "nuevas condiciones" ha debido asumir cargas anormales, extraordinarias, causantes de un detrimento patrimonial que no está obligado a soportar (Cursiva del texto original).[52]

Las conclusiones anteriores que dan cuenta de la admisibilidad, por parte del Consejo de Estado, de nuevos enfoques de responsabilidad estatal por el

---

[52] Ibíd.

hecho de la ley, aunque fundadas en la hipótesis de la teoría del hecho del príncipe, permiten confiar en la posibilidad cercana de los juicios de responsabilidad del Estado legislador en Colombia por el hecho de la ley en materia tributaria. Ahora bien, dichas conclusiones del pronunciamiento anterior se complementan con las de la providencia n° 16433, emitida en el año inmediatamente siguiente (2003) por la misma corporación con ponencia del Magistrado Hoyos Duque.[53] En esta ocasión la Sala analiza nuevamente si la expedición de una norma de naturaleza tributaria de carácter general, que crea una contribución, puede incidir en el equilibrio económico de un contrato estatal, pero solo si el mecanismo en ese evento podría considerarse como la ocurrencia del hecho del príncipe o de la teoría de la imprevisión.

Los hechos del caso consisten en determinar la incidencia de una norma que creó una contribución en la supuesta afectación patrimonial originada en el cumplimiento del contrato 767 de 1989 para la rehabilitación del sector Timbío-Piedrasentada de la carretera Pasto-Popayán, en cuyo desarrollo se suscribieron además varios contratos adicionales que fueron gravados posteriormente con una contribución. El demandante considera que la creación de la contribución que gravó los contratos adicionales suscritos "constituyó un hecho imprevisible e irresistible para las partes (hecho del príncipe), que llevó a que la ejecución de la obra tuviera un mayor costo, sin actualización ni intereses, de $171'635.854,35, lo cual produjo el rompimiento del equilibrio financiero del contrato al disminuir la utilidad prevista con la ejecución del contrato". Ello debido a que con posterioridad a la adjudicación y celebración del contrato 767/89, el Congreso de la República expidió la ley 104 de 1993, estableciendo en su artículo 123 y siguientes una contribución especial del cinco por ciento (5%) del valor total de la respectiva adición para todos aquellos contratos adicionales que se celebrasen adicionando el valor de los ya existentes.

La entidad contratante realizó los descuentos ordenados por la ley 104 de 1993 a aquellos contratos adicionales suscritos "con base en el concepto emitido por la Sala de Consulta y Servicio Civil del Consejo de Estado el 19 de septiembre de 1994 (Rad. 637)", por concepto de la contribución, "sin aceptar para ningún caso, reajuste de los precios unitarios en igual cuantía. Es decir,

---

[53] Colombia. Consejo de Estado, Sala de lo Contencioso Administrativo, Sección Tercera., sentencia del 11 de diciembre de 2003. Exp. 16433, Consejero Ponente: Ricardo Hoyos Duque.

sin aceptar la existencia del hecho del príncipe como factor de rompimiento de la ecuación económica de los contratos que estaban en uso y que fue necesario adicionar en valor",[54] motivo por el cual el contratista señala que "tuvo que asumir un mayor costo en la ejecución de la obra contratada, por razones no imputables a él, mayor costo que en ningún momento, como es lógico, se encuentra recogido dentro de los precios básicos del contrato ni en sus ajustes, lo cual de Perogrullo produjo el rompimiento de la ecuación económica del contrato surgida al momento de proponer".[55]

En su análisis del asunto, con radicado 16433, el Consejo de Estado en primer lugar afirma que, en estas circunstancias, no aplica la teoría del hecho del príncipe sino la de la imprevisión.[56] Dada la similitud de los hechos de la demanda con los acaecidos en el caso anterior que se citó, hay un contraste en la jurisprudencia de la Sala, pues en la sentencia 21588 admitió que eventualmente, bajo ciertas condiciones especiales, la expedición de una norma general de carácter tributario puede afectar a un contratista de forma tal que le genere un daño especial que éste no se encuentre en la obligación de soportar, teniendo entonces el Estado (la entidad contratante) que indemnizarle el perjuicio bajo el supuesto del hecho del príncipe, por afectarse la igualdad frente a las cargas públicas. Dijo entonces la Sala:

> Así las cosas, el contratista debe probar la existencia objetiva del "Hecho del Príncipe", *esto es, la fijación de nuevos tributos o el incremento de los ya existentes*, las condiciones iniciales del contrato que considera se han alterado por causa de éste, dada la imprevisibilidad de dichas medidas, y que, por ende, para dar cumplimiento a sus obligaciones contractuales en esas "nuevas condiciones" ha debido asumir cargas anormales,

---

[54] Ibíd.

[55] Ibíd.

[56] "La Sala considera que sólo resulta aplicable la teoría del hecho del príncipe cuando la norma general que tiene incidencia en el contrato es proferida por la entidad contratante. Cuando la misma proviene de otra autoridad se estaría frente a un evento externo a las partes que encuadraría mejor en la teoría de la imprevisión". [...] "En el presente caso, por tratarse de un gravamen creado por una ley expedida por el Congreso de la República, que no fue expedida por la entidad pública contratante, el daño no es imputable a una de las partes de la relación contractual y por consiguiente, no puede decirse que se está frente a un hecho del príncipe". Consejo de Estado, Sentencia Ibíd.

> extraordinarias, causantes de un detrimento patrimonial que no está obligado a soportar (Cursiva fuera de texto).[57]

En segundo lugar, pese a que el Consejo de Estado desestimó las pretensiones del demandante por no encontrar acreditado el rompimiento en el equilibrio financiero del contrato como consecuencia del pago de la contribución creada con la ley 104 de 1993 para los contratos adicionales suscritos, hizo importantes afirmaciones respecto de la responsabilidad estatal por el hecho de la ley, retomando lo señalado en la sentencia 14577, aceptando que excepcionalmente puede haber responsabilidad por el hecho de la ley cuando se presenta una ruptura de la igualdad ante las cargas públicas:

> Es cierto que la fijación de nuevos impuestos o su incremento puede afectar el equilibrio económico del contrato, pero es necesario que el contratista pruebe que el mayor valor que asume por la carga impositiva afecta en forma grave y anormal la utilidad esperada, si pretende obtener el restablecimiento de dicha ecuación, que fue lo que en el presente caso no ocurrió.[58]

De otra parte, el Consejo de Estado se ha referido también a los distintos títulos de imputación que se admiten en Colombia y que ha venido aplicando con base en el artículo 90 de la Constitución Nacional, tanto por responsabilidad contractual como por responsabilidad extracontractual, en los siguientes términos:

> Así, mientras en la responsabilidad fundada en el contrato, serán títulos jurídicos de imputación, por ejemplo, "los mandatos de la buena fe, igualdad y equilibrio entre prestaciones y derechos que caracteriza a los contratos conmutativos" (art. 28, ley 80 de 1993), en la extracontractual lo serán, además, la falla del servicio que es el título de imputación más frecuente, cualquiera que sea el sistema que para su prueba se adopte; la culpa personal en nexo con el servicio prevista, para citar algunas disposiciones en el inciso 2o. del artículo

---

[57] Colombia, Consejo de Estado, sentencia del 7 de marzo de 2002, citada.

[58] Colombia, Consejo de Estado, sentencia del 11 de diciembre de 2003, citada.

90 de la C. N. y en el 77 del C.C.A.; la igualdad de las personas ante la ley (art. 13 de la C. N.); la proporcionalidad en la distribución de las cargas públicas (art. 95 No. 9 y 216 de la C. N., entre otros); el riesgo excepcional establecido, por ejemplo, por la ley 104 de 1993 o en el decreto 444 del mismo año; el error judicial y el anormal funcionamiento de la administración de justicia (art. 40 del C. de P. C., 414 del C. de P.P. etc.) la inconstitucionalidad de la ley declarada judicialmente, y principios de justicia y equidad como éste del no enriquecimiento sin causa.

Muestra lo anterior que bajo cualquier clase o régimen de responsabilidad patrimonial del Estado o de las personas jurídicas de derecho público es menester que estén presentes estos elementos: la acción o la omisión de la entidad estatal; el daño antijurídico; el nexo de causalidad material y el título jurídico de imputación.[59]

[59] Colombia. Consejo de Estado, Sala de lo Contencioso Administrativo, Sección Tercera, sentencia del 8 de mayo de 1995. Exp: 8118. Consejero Ponente: Juan de Dios Montes Hernández.

4. La configuración de la responsabilidad del legislador en el tratamiento de exenciones

Este aparte, en síntesis, se dirige a demostrar cómo el Estado legislador incurre en responsabilidad frente al ciudadano cuando en desempeño de sus funciones le ocasiona a éste un perjuicio debido a cambios en las normas que se considera fueron imprevisibles. En materia tributaria tal supuesto se realiza cuando el legislador modifica o deroga exenciones dentro del término inicialmente previsto en las mismas sin tener en cuenta los casos de inversiones con costos hundidos que requieren de un periodo de tiempo largo para recuperarse.[1]

Por lo tanto, el responsable en la producción del daño debe resarcirlo en aras de proteger la confianza de ese particular[2], su patrimonio y hacer efectivos la justicia y la equidad en la tributación[3], sin entrar en la discusión acerca de si la lesión patrimonial proviene de una actuación legítima o ilegitima del Estado, pues el artículo 90 constitucional no hace tal distinción.[4]

---

[1] Spiller, Pablo T. "Institutions and Commitment". En: *Industrial and Corporate Change*, Vol.5, n° 2. 1996, p. 424.

[2] Sobre la forma como la certidumbre y la estabilidad respecto a las reglas en el sistema legal de los países influye en el desempeño económico ver: Norh, Douglass C; *Instituciones, cambio institucional y desempeño económico.* TR. Agustín Barcena. México, Fondo de Cultura Económica, 1993.

[3] En similar sentido, Casas, al explicar la doctrina alemana del Estado de Derecho cimentada sobre la seguridad jurídica, afirma que en aquélla se considera que las modificaciones legislativas con efecto retroactivo "alteran las condiciones nucleares del Estado de Derecho" quebrando "la necesaria e imprescindible confianza de los gobernados en el Estado". En otras palabras, el valor de la seguridad jurídica en materia tributaria incide directamente sobre la confianza de los particulares en el Estado cuando las normas derogadas que consagraban exenciones tienen en la práctica un efecto retroactivo sobre la capacidad contributiva de los sujetos que se habían acogido a ese beneficio. Ver Casas, José Osvaldo. *Derechos y garantías constitucionales del contribuyente. A partir del principio de reserva de ley tributaria.* Ad-Hoc, Buenos Aires, 2002. pp, 811 y ss.

[4] En Argentina, por ejemplo, se ha analizado el fenómeno de la responsabilidad del Estado por actuaciones lícitas en materia económica, especialmente frente a los *casos relativos a las modificaciones al*

4.1. Generalidades de la exención

El punto de partida del presente segmento es la presentación conceptual de las exenciones tributarias y la manera como se concretan en el patrimonio de los particulares.

4.1.1. Concepto

La exención o el beneficio tributario

Diversas son las definiciones que se han acuñado acerca de lo que se entiende por exención tributaria. Una primera aproximación a su noción las ubica dentro del grupo de los *beneficios tributarios* como disposiciones dentro de la legislación que "en términos generales constituyen aquellas deducciones, exenciones y tratamientos tributarios especiales, [...] que implican una disminución en la obligación tributaria, generando menores recaudos para el Estado que los concede. Algunos de éstos tienen como finalidad la de incentivar sectores o ramas de la economía, regiones que se consideran claves para las políticas de desarrollo económico, mientras que otros son concebidos para prestar un apoyo financiero a los contribuyentes".[5]

Algunos doctrinantes definen las exenciones por oposición al tributo[6] como "el efecto de ciertas normas en cuya virtud determinados supuestos, incluidos en el ámbito del hecho imponible del tributo, no llegan, sin embargo, a producir las consecuencias jurídicas que derivan de éste y que se resumen en el nacimiento de la obligación tributaria." La misma definición por oposi-

---

tipo de cambio y reglas financieras y su incidencia en el patrimonio. La Corte Suprema de Justicia de la Nación en algunos casos ha admitido supuestos de responsabilidad del Estado por cambios en disposiciones reglamentarias o normativas de alcance general que afectan la igualdad en época de normalidad económica, aplicando los principios generales de la responsabilidad del Estado y con la finalidad de realizar los postulados de equidad y justicia. Ver: Mazzacaro, Juan Carlos y Vocos Conesa, Juan Martín. "Responsabilidad del Estado por su actuación lícita con especial referencia a los cambios en la política económica. Síntesis de la jurisprudencia de la Corte Suprema de Justicia de la Nación". En: *Estudios sobre la responsabilidad del estado en Argentina, Colombia y México*. Instituto de Investigaciones Jurídicas - UNAM, 2007. México, 2007, p. 323. Documento electrónico.

[5] Colombia, UAE- DIAN: Dirección de impuestos y aduanas nacionales. *El gasto tributario en Colombia. Principales beneficios en el impuesto sobre la renta e IVA años gravables 2006 y 2007*. Oficina de Estudios Económicos, Documento web 030, septiembre de 2008. p. 7.

[6] Lozano Serrano, Carmelo, *Exenciones tributarias y derechos adquiridos*, Editorial Tecnos, Madrid, 1998, p. 18.

ción al tributo ha sido sugerida por la Corte Constitucional, señalando que: "a hechos generadores que en principio estarían total o parcialmente gravados, pero que por razones de política económica, fiscal, social o ambiental el órgano competente decide sustraerlos total o parcialmente de la base gravable dentro del proceso de depuración de la renta".[7]

Es razonable que el punto de partida para conceptualizar las exenciones se fundamente en tenerlas como antítesis del tributo, toda vez que, en la práctica, representan una excepción al deber de contribuir consagrado entre nosotros en el artículo 95 numeral 9 de la Constitución Política.

En otras oportunidades, se ha intentado una definición finalista de *exención*, atendiendo al objetivo económico o social que cumplen, por ejemplo, en los siguientes términos: Las exenciones son estímulos fiscales "utilizados para lograr ciertos resultados de política económica y social en que se interesa el Estado cuando pretende impulsar la inversión privada, estimular actividades productivas u orientar el ahorro privado hacia ciertos tipos de inversión".[8]

Otra definición muy completa del concepto la propuso la profesora Lucy Cruz de Quiñones de la siguiente forma:

> En nuestra opinión, los incentivos tributarios son disposiciones de dirigismo económico, amparadas por la Constitución,[9] que obran dentro del tributo para otorgar una ventaja económica a un sujeto pasivo actual o potencial relacionada con la realización de una determinada conducta suya, que se estima de interés para la comunidad y con la cual se coadyuva al progreso general, sin detrimento de la justicia en la tributación.[10]

---

[7] Colombia. Corte Constitucional, sentencia C-1107 de 2001, Magistrado Ponente: Jaime Araújo Rentería. La Corte Constitucional colombiana se ha pronunciado en repetidas oportunidades acerca de las exenciones y los beneficios tributarios, fijando las características de los mismos. Al respecto ver entre otras sentencias: C-177 de 1996, C-188 de 1998, C- 1297 de 2000, C-925 de 2000, C-1320 de 2000, C-804 de 2001.

[8] Colombia. Corte Constitucional, Sentencia C-419 de 1995. Magistrado Ponente: Antonio Barrera Carbonell. En el mismo sentido ver también la sentencia C-1320 de 2000, Magistrado Ponente: Fabio Morón Díaz.

[9] Las potestades de las autoridades nacionales en materia de exenciones están contempladas constitucionalmente en los artículos 154 y 294 de la Constitución Política.

[10] Ponencia colombiana para las XXI Jornadas Latinoamericanas de Derecho Tributario, Génova, Italia, 2002, p. 286, citado por Bravo Arteaga, op. cit.

En la definición precedente encontramos explícito uno de los elementos característicos de la exención, la realización de una condición por parte del particular. Dicho elemento consiste en que, para ser beneficiario potencial del incentivo, el sujeto deberá realizar una conducta señalada en la norma que establece el beneficio. No obstante, cabe precisar que no en todos los casos las disposiciones que crean incentivos, exenciones o beneficios exigen al sujeto la realización material de una actividad pues, como veremos enseguida, existe cierto tipo de exenciones que van a cobijar a personas o sectores económicos que responden a ciertas características, previamente definidas por las autoridades competentes, sin que tales entes tengan que llevar a cabo una conducta. En otras palabras, se conceden solo en consideración al individuo, al sector o al gremio al que éstos pertenecen.

El Consejo de Estado[11] ha precisado los diferentes supuestos en los que pueden identificarse beneficiarios de exenciones tributarias, en general encuadrándolos a partir de la realización de una determinada actividad o de la capacidad económica del sujeto en los siguientes términos:

> Las exenciones son un beneficio fiscal por medio del cual el legislador de impuestos, bien sea a nivel nacional, departamental o municipal dependiendo de la órbita de influencia del impuesto respectivo, concede un beneficio fiscal que exonera del pago del referido impuesto a quienes realicen una determinada actividad, perciben unos determinados ingresos o se encuentren dentro de las condiciones que en cada caso se señalen.

La jurisprudencia se ha referido de forma reiterada a la naturaleza y fines de la exención tributaria como uno de los beneficios tributarios que existe y que válidamente puede adoptar el legislador en la política fiscal, sin que sea el

---

[11] Colombia. Consejo de Estado, Sala de lo Contencioso Administrativo, Sección Cuarta, sentencia del 12 de noviembre de 1993. Exp. n° 5018. Consejero Ponente: Guillermo Chahín Lizcano.

En el mismo sentido se expresa Lozano Serrano, op. cit. pp. 21 y ss., quien se refiere a unas exenciones que persiguen "fines de incentivo a determinados objetivos y responden más al concepto de subvención". Otras, en cambio, "en absoluto están relacionadas con la coyuntura o con la intervención en la dinámica del mercado, sino que constituyen actuación de los propios principios de justicia tributaria".

único.[12] La exención tributaria se ha utilizado como instrumento de estímulo fiscal con diferentes propósitos.

La Corte Constitucional ha señalado que es beneficio tributario *todo aquello que disminuya la base gravable o el impuesto a pagar*:[13]

> Si bien existen en la legislación tributaria disposiciones que consagran disminuciones de la carga tributaria, no todas ellas tienen el propósito de estimular, incentivar o preferenciar determinados sujetos o actividades sino que pretenden no perjudicar o hacer efectivos los principios de justicia, equidad y progresividad. Por lo tanto, para que una determinada disposición se pueda considerar como un beneficio tributario, debe tener esencialmente el propósito de colocar al sujeto o actividad destinataria de la misma, en una situación preferencial o de privilegio, con fines esencialmente extrafiscales.[14]

4.1.2. Clases

El Consejo de Estado distingue entre dos tipos de exenciones, las de *carácter general* "que benefician en forma indeterminada a quienes se encuentren dentro de los parámetros fijados en la ley para gozar de ella y en principio no tienen un carácter temporal"; y, de otra parte, las exenciones tributarias "que se pueden considerar de *carácter individual* encaminadas específicamente a incentivar un cierto tipo de actividades y con una aplicación temporal para ese grupo específico de beneficiarios" (Cursiva fuera de texto).[15]

---

[12] "En virtud de lo anterior, el legislador puede crear, modificar y suprimir beneficios tributarios, calificación genérica que según la doctrina especializada ha servido para comprender una multiplicidad de figuras heterogéneas, de diverso contenido y alcance, como son las exenciones, las deducciones de base, los regímenes contributivos sustitutivos, la suspensión temporal del recaudo, la concesión de incentivos tributarios y la devolución de impuestos". Colombia. Corte Constitucional, sentencia C-989 de 2004, Magistrada Ponente: Clara Inés Vargas Hernández.

[13] Así lo explica la Corte: "la potestad de configuración legislativa ha sido reconocida como muy amplia en materia de política tributaria, de manera tal que la creación de exenciones u otros beneficios tributarios (como puede serlo el no estar obligado a efectuar un pago anticipado del impuesto), en principio no pueden entenderse como contrarios al orden económico justo, no obstante lo cual deben estar justificadas a partir de razones constitucionales y respetar los derechos fundamentales, especialmente el derecho a la igualdad". Colombia. Corte Constitucional, sentencia C-129 de 2004, Magistrado Ponente: Marco Gerardo Monroy Cabra.

[14] Ibíd.

[15] Colombia. Consejo de Estado, Exp. n. 5018. op. cit.

En efecto, dicha clasificación se determina en cada caso dependiendo de la manera como el legislador haya configurado el beneficio. No obstante, la jurisprudencia ha considerado que en uno u otro caso, sea la exención general o individual, se derivan consecuencias diversas cuando se trate de uno u otro tipo de exención, a las cuales nos referiremos más adelante. En cuanto a cómo se concretan en el patrimonio de un sujeto determinado, es claro que para considerarse beneficiario de uno de estos incentivos previamente se debe cumplir con las condiciones o realizar el supuesto de hecho (en términos generales, inversiones) contenido en las disposiciones que las establecen y acreditar dicha circunstancia ante las autoridades correspondientes para que se otorgue la exención.

4.1.3. La noción de legalidad tributaria en Colombia

El concepto de legalidad tributaria surgió en el reconocido aforismo "no taxation without representation", inmerso hoy en los diferentes ordenamientos jurídicos[16] con la finalidad de garantizar que exista representación en el establecimiento de los tributos.

La importancia de este principio lo resume magistralmente Bravo Arteaga en su trabajo de posesión como miembro correspondiente de la Academia Colombiana de Jurisprudencia en estos términos: "Por virtud del principio de la legalidad del tributo, firmemente insertado en la cultura occidental desde la edad media, reafirmado y ampliado en las revoluciones inglesa, francesa y americanas y claramente expresado en la Constitución colombiana, cualquier reflexión relativa al Derecho tributario debe comenzar por el análisis de la ley".[17]

---

[16] Así, por ejemplo, en la republica de Perú, el Profesor Jorge Bravo Cucci, explicando el significado del principio de legalidad tributaria que, en sus palabras, le impone a la *Administración Tributaria* "someter su actuación al imperio de la ley" comenta cómo se encuentra establecido en el ordenamiento peruano el principio de *reserva de ley,* en estos términos: "La materialización normativa de dicho principio halla su soporte en primer término, en el artículo 74 del texto constitucional, en el cual se plasma el precepto, disponiendo que: "los tributos se crean, modifican, o derogan, o se establece una exoneración, exclusivamente por ley o decreto legislativo en caso de delegación de facultades, salvo los casos de aranceles y tasas, los cuales se regulan mediante decreto supremo" y señala además este autor que el mismo principio "atiende a que los elementos fundamentales del tributo, sólo pueden ser creados, alterados, regulados e introducidos en el ordenamiento jurídico, a través de una ley o una norma de rango análogo." En: *Fundamentos de Derecho Tributario*, Palestra Editores, Lima, 2003, pág. 105-106.

[17] Bravo Arteaga, op. cit.

En Colombia, el principio de legalidad tributaria está consagrado en los artículos 150, numeral 12, y 338 de la Constitución Política, que disponen:

> Artículo 150. Corresponde al Congreso hacer las leyes. Por medio de ellas ejerce las siguientes funciones:
>
> [...]
> Num. 12. Establecer contribuciones fiscales y, excepcionalmente, contribuciones parafiscales en los casos y bajo las condiciones que establezca la ley.
>
> Artículo 338. En tiempo de paz, solamente el Congreso, las asambleas departamentales y los concejos distritales y municipales podrán imponer contribuciones fiscales o parafiscales. La ley, las ordenanzas y los acuerdos deben fijar, directamente, los sujetos activos, pasivos, los hechos, las bases gravables, y las tarifas de los impuestos.[18]

Las normas transcritas indican que en Colombia existe el principio de reserva de ley en el establecimiento de los tributos, debido a que corresponde al órgano de representación popular la competencia para imponer los tributos. La legalidad del tributo consiste entonces en la ineludible obligación de tramitar una ley para crear gravámenes.

Pero la correlativa carga de pagar los tributos creados por el Congreso igualmente fue establecida en la Constitución Política dentro de los deberes de la persona y del ciudadano, concretamente en el artículo 95, numeral 9,[19] que prevé el deber de "contribuir al financiamiento de los gastos e inversiones del Estado dentro de los conceptos de justicia y equidad".

En consonancia con los preceptos enunciados, el legislador, en desarrollo de los mismos, fija las cargas tributarias que deberán asumir los particulares. En el mismo sentido, se entiende que, al ser el competente para establecer

---

[18] Colombia. Constitución Política, artículo 338.

[19] Dicho artículo dispone: "Articulo 95. La calidad de colombiano enaltece a todos los miembros de la comunidad nacional. Todos están en el deber de engrandecerla y dignificarla. El ejercicio de los derechos y libertades reconocidos en esta Constitución implica responsabilidades. Toda persona está obligada a cumplir la Constitución y las leyes. Son deberes de la persona y del ciudadano: [...] n° 9. Contribuir al financiamiento de los gastos e inversiones del Estado dentro de conceptos de justicia y equidad.

los gravámenes, también es el llamado a aprobar las exenciones que sobre los mismos proponga el Gobierno, como lo señala el artículo 154 de la Constitución, teniendo en cuenta que al legislador no le fue otorgada la iniciativa para proponer exenciones, sino que la misma está reservada al Gobierno, para tributos del orden nacional.

> Artículo 154. Las leyes pueden tener origen en cualquiera de las Cámaras a propuesta de sus respectivos miembros, del Gobierno Nacional.
>
> [...]
> No obstante, sólo podrán ser dictadas o reformadas por iniciativa del Gobierno las leyes [...]: que decreten exenciones de impuestos, contribuciones o tasas nacionales.
>
> Las Cámaras podrán introducir modificaciones a los proyectos presentados por el Gobierno.

La misma consideración ha hecho la jurisprudencia nacional, entendiendo que si el legislador tiene el poder de imperio[20] de los tributos, de la misma forma está facultado para señalar, con base en consideraciones de conveniencia, a qué sectores o personas exime[21] del deber de contribuir. De otra parte, estima

---

[20] "El poder tributario es poder legislativo y como tal lleva aparejado un margen de configuración política reconocido a los representantes de los ciudadanos para establecer el régimen legal del tributo". Colombia. Corte Constitucional, sentencia C-1060A de 2001, Conjuez Ponente: Lucy Cruz de Quiñones.

[21] De conformidad con el artículo 154 de la Constitución Política, la iniciativa legislativa en materia de exenciones corresponde al gobierno nacional, debido a que éste es el responsable de formular anualmente el Presupuesto de Rentas y del recaudo de las mismas. Sin embargo, es claro que la intervención del legislador es decisiva pues es quien permite o no que una propuesta de modificación o supresión de una exención se convierta en ley; como lo señala el mismo artículo, "las Cámaras podrán introducir modificaciones a los proyectos presentados por el Gobierno". Son éstas también las que discuten, tramitan y aprueban todas las leyes, como lo prevé el artículo 157 de la Constitución: "Ningún proyecto será ley sin los requisitos siguientes: 1. Haber sido publicado oficialmente por el Congreso, antes de darle curso en la comisión respectiva. 2. Haber sido aprobado en primer debate en la correspondiente comisión permanente de cada Cámara. El reglamento del Congreso determinará los casos en los cuales el primer debate se surtirá en sesión conjunta de las comisiones permanentes de ambas Cámaras. 3. Haber sido aprobado en cada Cámara en segundo debate. 4. Haber obtenido la sanción del Gobierno".

la jurisprudencia que la apreciación que hace el legislador sobre las exenciones es libre, claro está, dentro de los parámetros constitucionales.[22]

En resumen, para dicha corporación, "quien está autorizado por la Constitución para establecer un impuesto goza necesariamente de la competencia para disponer quiénes habrán de pagarlo y para decidir, según su libre apreciación, cuáles serán los casos de exención o exclusión aplicables".[23]

4.1.4. Naturaleza jurídica de las exenciones: ¿una mera expectativa o un derecho?

Frente al tema de la modificación de exenciones y a las consecuencias que de tal actuación se derivan, conviene hacer algunas reflexiones.

La mayoría de los autores estiman que, por sus especiales características y la forma como operan, existen dificultades para estimar que las exenciones son en estricto sentido un derecho adquirido.[24] En la misma orientación se ha encaminado la jurisprudencia colombiana,[25] señalando en repetidas oportunidades que en materia tributaria no hay derechos adquiridos.[26]

---

[22] En este sentido señala la Corte Constitucional: "Sin embargo, la norma que consagre una exención tributaria puede resultar contraria a la Carta Política si, al ejercer su atribución, el Congreso desconoce alguno de los postulados del orden jurídico básico del Estado, uno de los principios que informan el sistema tributario (equidad, eficiencia y progresividad, según la enunciación del artículo 363 Constitución Política), o uno de los derechos o de las garantías fundamentales". Colombia. Corte Constitucional, Sentencia C-625 de 2003, Magistrado Ponente: Clara Inés Vargas Hernández.

[23] Colombia, Corte Constitucional, sentencia C-587 de 1995. Magistrado Ponente: José Gregorio Hernández Galindo.

[24] Así, Lozano Serrano, op-cit., pp. 85 y ss., se ocupa a profundidad de los diversos supuestos que apareja el tema de los derechos adquiridos, cotejándolos con las notas características de la exención, para tratar de definir una base conceptual que, en todo caso, permita amparar los intereses legítimos que al momento de la modificación normativa ya se han configurado, distinguiendo así las que él denomina "*posiciones jurídicas ya adquiridas o consolidadas,* de las *meras expectativas*" (Cursivas fuera de texto) p. 109. Luego de una revisión de los distintos enfoques, el autor concluye que "no resulta posible identificar a la exención como una posición jurídica de derecho subjetivo generadora de 'derechos adquiridos', lo que obliga a extender el análisis a otras posibles situaciones jurídicas individualizadas". p. 95, por lo cual pasa a ocuparse de la noción de *interés legítimo*, que en la práctica tiene los mismos efectos de lo que en nuestro medio la jurisprudencia ha denominado *situación jurídica consolidada* particular o concreta.

[25] Colombia. Corte Constitucional, sentencias: C-1114 de 2004, Magistrado Ponente: Jaime Córdoba Triviño; C-007 de 2002, Magistrado Ponente: Manuel José Cepeda Espinosa; Colombia. Consejo de Estado, Sala de lo Contencioso Administrativo, Sección Cuarta, sentencia del 7 de junio de 1993, Consejero Ponente: Delio Gómez Leiva.

[26] Para las altas cortes nacionales solo es posible admitir, bajo la ocurrencia de determinados supuestos de hecho —por ejemplo, la realización de la conducta que señale la norma que establece la exención o

En efecto, a partir de la sentencia de la Corte Suprema de Justicia de 9 de diciembre de 1987, respecto a la modificación de exenciones tributarias y conforme a los pronunciamientos citados, la jurisprudencia ha definido que:

i. El legislador en materia tributaria puede ejercer la *soberanía fiscal* de la que es titular, por lo que las modificaciones que introduzca implican desarrollo de su atribución de imponer cargas a los súbditos.
ii. La limitación (modificación o derogación) de las exenciones es exequible, siempre que se respeten las situaciones jurídicas de carácter particular y concreto consolidadas bajo su vigencia, porque de lo contrario, se violarían los principios de buena fe y seguridad jurídica, de los cuales se desprende la confianza legítima del contribuyente.
iii. Las normas que modifican o derogan exenciones en términos generales son exequibles, en el entendido de que entrarán en vigor en la vigencia fiscal siguiente, es decir, no afectarán vigencias pasadas o en curso.
iv. El Estado debe proporcionar al afectado el tiempo y los medios para adaptarse a la nueva situación.[27]

En cuanto a la cuestión de si es posible considerar que las normas que crean exenciones se inscriben en la categoría jurídica de aquellas que confieren

---

el beneficio tributario— y dentro del término de vigencia de la disposición de que se trate, la configuración de una *situación jurídica consolidada* de carácter particular. Ver entre otras las sentencias: Colombia, Corte Constitucional, sentencias: C-393 de 1996, Magistrado Ponente: Carlos Gaviria Díaz; C-604 de 2000, Magistrado Ponente: Carlos Gaviria Díaz; Colombia, Consejo de Estado, Sala de lo Contencioso Administrativo, Sección Primera, sentencia del 14 de agosto de 1987; Consejo de Estado, Sala de lo Contencioso Administrativo, Sección Cuarta, sentencia del 7 de junio de 1993, Consejero Ponente: Delio Gómez Leiva; Consejo de Estado, Sala de lo Contencioso Administrativo, Sección Cuarta, sentencia del 26 de agosto de 1994, Consejero Ponente: Guillermo Chahín Lizcano; Consejo de Estado, Sala de lo Contencioso Administrativo, Sección Cuarta, sentencias del 7 de abril y del 7 de noviembre de 1995, Consejero Ponente: Consuelo Sarria Olcos.

[27] Colombia. Corte Constitucional, sentencia C-478 de 1998, Magistrado Ponente: Alejandro Martínez Caballero. En el mismo sentido se pronunció el alto tribunal en otras ocasiones: Colombia. Corte Constitucional, sentencias: C-617 de 1995, Magistrado Ponente: Alejandro Martínez Caballero; C-1215 de 2001, Magistrado Ponente: Rodrigo Escobar Gil. También el Consejo de Estado se ha mostrado partidario de la atenuación de los efectos del cambio legislativo cuando se modifican las normas de exenciones tributarias y existen situaciones jurídicas consolidadas bajo la vigencia de la norma anterior: Colombia. Consejo de Estado, Sala de lo Contencioso Administrativo, Sección Tercera, sentencia del 25 de noviembre de 1999, Consejero Ponente: Ricardo Hoyos Duque.

derechos adquiridos, la respuesta de la jurisprudencia nacional ha sido en el sentido de negarle tal entidad a esas disposiciones.

En efecto, en la sentencia C-1261 de 2005 la Corte se pronunció acerca de la noción de derechos adquiridos en materia de exenciones tributarias, reiterando su postura según la cual tal concepto tiene alcances diferentes tratándose de derecho público, por lo que no es posible sacrificar el interés general para mantener vigente una disposición que consagra un beneficio:

> Al respecto la Corte ha precisado: "que la noción de derecho adquirido, no tiene la misma connotación en derecho público que en derecho privado debido a que en el primero prevalece el interés general, público o social, sobre cualquier interés de carácter particular, lo cual adquiere mayor relevancia cuando se trata de normas de carácter tributario. En efecto, en este campo no existe el amparo de derechos adquiridos pues la dinámica propia del Estado obliga al legislador a modificar la normatividad en aras de lograr el bienestar de la colectividad en general; en consecuencia, nadie puede pretender que un determinado régimen tributario lo rija por siempre y para siempre, esto es, que se convierta en inmodificable".[28]

Recientemente la Corte ha reiterado esta posición.[29] Anota la Sala que bastaría lo dicho para desestimar la acusación de la demanda, según la cual, el legislador desconoció los derechos adquiridos de algunos pensionados a

---

[28] Colombia. Corte Constitucional, sentencia C-393 de 1996 op. cit. En este caso la Corte decidió que el legislador no desconoce el principio de igualdad al unificar en 30% el porcentaje de rentas exentas, aun cuando ello conlleve limitar el porcentaje que existía para los trabajadores con salario integral y elevarlo para los salarios medios y bajos. La Corte resolvió declarar exequible la modificación a la exención del factor prestacional contemplada en la Ley 50 de 1990, adoptada mediante el parágrafo 2° del artículo 96 de la Ley 223 de 1995, norma que modificó el artículo 206 del Estatuto Tributario y cuyo parágrafo 3° es objeto de análisis en el presente proceso. Citado en la sentencia: C-1261 de 2005, op. cit.

[29] Por ejemplo, en la sentencia C-114 de 2003 (MP Jaime Córdoba Triviño) se consideró que "el Congreso de la República es el titular de la facultad impositiva y que en ejercicio de esa facultad bien puede crear, modificar o extinguir exenciones tributarias. De no ser así, esto es, de no permitírsele al legislativo la posibilidad de modificar o extinguir una exención tributaria, se petrificaría la legislación proferida en ese campo y se propiciaría la vigencia de un sistema tributario inconsecuente con las realidades económicas del país." Citado en la sentencia: C-1261 de 2005, op. cit.

gozar de una exención, puesto que sobre éstas, *no se genera un derecho adquirido* (Cursivas fuera de texto).

En consecuencia, podemos concluir que la opinión de la jurisprudencia nacional consiste en negar la entidad de derechos adquiridos a las normas que consagran exenciones tributarias, pues según los pronunciamientos señalados, por su propia naturaleza y el interés público inmerso en ellas, para las altas Cortes tales normas no generan derechos adquiridos respecto de los beneficiarios de las mismas.

4.1.5. Posición del beneficiario de exenciones: especial referencia a los principios

Teniendo en cuenta que el Estado tiene el deber de garantizar la efectividad de los principios consagrados en la Constitución Política[30] entraremos a analizar la incidencia que éstos tienen respecto de los beneficiarios de exenciones.

La Constitución nacional establece en el artículo 363 los principios que orientan el sistema tributario[31], los cuales actúan como criterio de interpre-

---

[30] Además de la garantía de los derechos y deberes, el artículo 2º de la Constitución le impone al Estado la finalidad de garantizar la efectividad de los principios que la misma consagra.

[31] En Colombia, la Corte Constitucional en la sentencia C-333 de 1993, Magistrado Ponente: Eduardo Cifuentes Muñoz, advirtió sobre la importancia de tener en cuenta los principios rectores del sistema tributario como referente para el análisis de constitucionalidad de ciertas normas : "Si bien la cualidad sistémica de los principios de equidad, eficiencia y progresividad, no puede ser aprehendida en una revisión de constitucionalidad de una ley singular, ello no quiere decir que su examen no pueda llevarse a cabo frente al contenido concreto de la norma acusada cuando la misma, de conservarse, podría aportar al sistema una dosis de manifiesta inequidad, ineficiencia y regresividad". La Corte considera indispensable que en el proceso legislativo de formación de las disposiciones tributarias —impuestos o exenciones—, se tengan en cuenta los principios del sistema tributario en su conjunto, pues su aplicación conjunta armoniza las disposiciones y garantiza la realización de los valores constitucionales.

Al respecto, en la sentencia C-409-96, Magistrado Ponente: Alejandro Martínez Caballero, la Corte reiteró la necesidad de apreciar el sistema tributario —teniendo en cuenta dichos principios— en su conjunto y no a partir de impuestos particulares: "Es cierto que las limitaciones legales pueden también implicar ciertos sacrificios en términos de equidad tributaria concreta, pues el impuesto cobrado puede no corresponder exactamente a la renta efectiva. Sin embargo, esta Corporación había establecido que tales sacrificios no violan la Carta, siempre que no sean irrazonables y se justifiquen en la persecución de otros objetivos tributarios o económicos constitucionalmente relevantes, pues no sólo el Legislador puede buscar conciliar principios en conflicto, como la eficiencia y la equidad sino que, además, tales principios se predican del sistema tributario en su conjunto, y no de un impuesto específico. Una regulación tributaria que no utilice criterios potencialmente discriminatorios, ni afecte directamente el goce de un derecho fundamental, no viola el principio de igualdad si la clasificación establecida por la norma es un medio razonablemente adecuado para alcanzar un objetivo constitucionalmente admisible".

tación, a la vez que orientan la actuación del Estado en materia impositiva, especialmente cuando se trata de conformar o modificar las obligaciones de este carácter, porque las mismas recaen directamente sobre el patrimonio y la propiedad de los ciudadanos.

Frente a las posibilidades que tiene el legislador de alterar las condiciones tributarias que rigen en un momento determinado, se encuentra la modificación de las exenciones. La Corte Constitucional en la Sentencia C-1003 de 2004 (Magistrado Ponente Jaime Córdoba Triviño), reiterando algunos de sus pronunciamientos, estima que no es contrario a los principios del artículo 363 el ejercicio de dicha atribución por parte del Congreso *en cualquier momento* "[el legislador] puede conceder beneficios tributarios, deducciones *y derogarlos cuando a bien tenga y sin que con ello desconozca* los mandatos constitucionales ni *los principios tributarios establecidos en la Carta Política*" (Cursivas fuera de texto).[32]

A renglón seguido en la misma sentencia, la Corte define cada uno de los principios, explicando su alcance y la razón de ser dentro del ordenamiento colombiano:

> El de legalidad, según el cual los tributos tienen como fuente la ley, la cual debe contener todos los elementos de la obligación tributaria (arts. 150, numerales 11 y 12, y 338 C.P.)
>
> El de equidad, que es un claro desarrollo del principio de igualdad en materia tributaria y hace relación a la justicia, de forma tal que quienes se encuentran en situaciones similares con capacidad económica similar, soporten una carga tributaria igual (art. 363 C.P.) [...] a mayor capacidad de pago, mayor será la contribución.
>
> El de progresividad, que es expresión de la equidad vertical, a través del cual se busca que el sistema tributario sea justo, para lo cual el legislador debe tener en cuenta la capacidad contributiva de las personas y por ello quienes tienen mayor capacidad deben asumir obligaciones mayores y su cuantía sea más proporcional a esa mayor capacidad" (art. 363 C.P.).[33]

---

[32] La Corte se refiere aquí a la Sentencia C-341 de 1998, de donde cita estos conceptos.

[33] La Corte en la sentencia C-341 de 1998 que cita sobre el principio de progresividad, señaló ade-

Sin duda este es uno de los principios que aporta más elementos al Estado para desarrollar la justicia en el sistema tributario, pretendiendo entre otros aspectos, por ejemplo, el escalonamiento de las tarifas de forma exponencial conforme a los ingresos de los contribuyentes.

De otra parte, la Corte utiliza en el examen de constitucionalidad de la ley en materia de exenciones tributarias, además de los principios mencionados del artículo 363 de la Constitución Política, el derecho a la igualdad contenido en el artículo 13 que, como se ha expuesto en este estudio, se ha utilizado para fundamentar legalmente y derivar de él el principio conocido como de "igualdad ante las cargas públicas".[34]

---

más que este principio "compensa la insuficiencia del principio de proporcionalidad en el sistema tributario pues como en este ámbito no basta con mantener en todos los niveles una relación simplemente porcentual entre la capacidad económica del contribuyente y el monto de los impuestos a su cargo, el constituyente ha superado esa deficiencia disponiendo que quienes tienen mayor patrimonio y perciben mayores ingresos aporten en mayor proporción al financiamiento de los gastos del Estado; es decir, se trata de que la carga tributaria sea mayor entre mayores sean los ingresos y el patrimonio del contribuyente".

[34] En relación con la aplicación del artículo 13 de la C.P. a las exenciones, como una forma de justificar la "discriminación positiva" tributaria, en la sentencia C-1261 de 2005 op. cit., sostuvo la Corte en la providencia que: "si, desde la perspectiva de las diferencias existentes, el juez de constitucionalidad corrobora que la exención se funda en razones que ameriten exonerar del tributo a algunos de aquellos que en principio, por reunir las características de ley, deberían ser sujetos pasivos del impuesto, la disposición que la consagra no lesiona el principio de igualdad y es exequible en la medida en que tampoco desconozca otros principios o mandatos constitucionales." También, en la sentencia C-188 de 1998, ya citada, la Corte se refirió al principio de igualdad en el sentido que dicho principio constituye un límite al margen de configuración del legislador en materia de exenciones tributarias. No obstante, frente a la posible vulneración del principio de igualdad por el tratamiento diferenciado que se concede con una exención dijo la corporación que "tal vulneración no podría deducirse de la sola diferencia de trato entre los contribuyentes, ya que toda exención la supone en cuanto *es de su esencia distinguir entre los sujetos pasivos de los tributos, obligando a unos y excluyendo a otros del pago de determinado gravamen*. De no ser sustentada la exención en elementos que la justifiquen, la Corte no podría hacer nada distinto de declarar su inconstitucionalidad, por violación del artículo 13 de la Carta Política. A la inversa, si, desde la perspectiva de las diferencias existentes, *el juez de constitucionalidad corrobora que la exención se funda en razones que ameriten exonerar del tributo a algunos de aquellos que en principio, por reunir las características de ley*, deberían ser sujetos pasivos del impuesto, *la disposición que la consagra no lesiona el principio de igualdad y es exequible en la medida en que tampoco desconozca otros principios o mandatos constitucionales*" (Cursivas fuera de texto).

Por lo expuesto, es evidente que en la valoración acerca de la constitucionalidad de una exención el principio de igualdad entra como criterio de medición de la conveniencia, objetividad y razonabilidad de la decisión legislativa (en general tienden a fomentar la inversión en un sector o actividad, conceder tratamientos diferenciados por razones de justicia y equidad.) En otros pronunciamientos, la jurisprudencia se ha referido detalladamente al principio de igualdad frente a la concesión de exenciones tributarias, entre otras en las sentencias C-094 de 1993 y C-341 de 1998, Magistrado Ponente: José Gregorio Hernández Galindo; C-349 de 1995, Magistrado Ponente: Carlos Gaviria Díaz; C-183 de

En efecto, los principios consagrados en el artículo 363 constitucional fueron concebidos para irradiar el sistema tributario en su conjunto, por lo que se deben utilizar también como punto de referencia para valorar las normas que conciba el legislador[35] en materia de exenciones tributarias, especialmente al momento de estar discutiendo y estudiando las modificaciones que se propone introducir a las mismas.

Hacer ajustes en las normas de esta categoría sin considerar la situación de los actuales beneficiarios, quienes confían en el mantenimiento del plazo previsto para recuperar las inversiones que han venido realizando puede constituir una vulneración de los derechos de esos particulares, así como una actuación cuestionable por parte del Estado debido a que, al tenor del artículo 2º de la Constitución Política, a éste corresponde no solo la garantía de la efectividad de los derechos, sino además de los principios, entre ellos por supuesto los del sistema tributario.

En otras palabras, se pregunta cómo es posible que el legislador pueda "conceder beneficios tributarios, deducciones y derogarlos cuando a bien tenga" sin que llegue a afectar, entre otros, la equidad (situaciones similares con capacidad económica similar) o la progresividad (capacidad contributiva de las personas y, por ello, quienes tienen mayor capacidad deben asumir obligaciones mayores y su cuantía ha de ser más proporcional a esa mayor capacidad) respecto de las personas que se acogieron a dichos beneficios, puesto que la exención precisamente apunta a favorecerles su capacidad económica a cambio de ciertas condiciones, por lo que de entrada lo que hizo el legislador fue diferenciarlos del resto de la colectividad.

En consecuencia, la equidad o la progresividad se deben mirar desde otra perspectiva, con un criterio particular atendiendo a la especial posición fáctica de los beneficiarios de exenciones para garantizar la vigencia de estos principios en el trámite legislativo.

1998, Magistrado Ponente: Eduardo Cifuentes Muñoz; C-1107 de 2001, Magistrado Ponente: Jaime Araújo Rentería; C-904 de 2002, Magistrado Ponente: Manuel José Cepeda Espinosa.

[35] Colombia. Corte Constitucional, sentencia C-643 de 2002. Al respecto en esta sentencia la Corte afirmó que "estos principios constituyen los parámetros para determinar la legitimidad del sistema tributario y, como ha tenido oportunidad de precisarlo esta Corporación, se predican del sistema en su conjunto y no de un impuesto en particular". Sobre el principio de equidad y su importancia en el sistema tributario ver sentencia C-734 de 2002, Magistrado Ponente: Manuel José Cepeda Espinosa.

En esta misma dirección, el profesor González García, al estudiar la interpretación de normas que consagran exenciones, ha señalado que las interpretaciones restrictivas son aquellas que consideran que el fin de las normas de carácter tributario es la recaudación. Por lo tanto, reivindica que, si bien la finalidad de la imposición que realiza el Estado es la recaudación, la misma se basa "en la capacidad contributiva de las personas llamadas a satisfacer los tributos".[36]

4.1.6. Las posibilidades jurídicas de modificación que tiene el legislador en la visión de la jurisprudencia colombiana: el beneficio, ¿es discrecional o reglado?

La postura de la jurisprudencia nacional respecto a las posibilidades jurídicas de modificar normas de exenciones que tiene el legislador se puede resumir en la afirmación según la cual el legislador goza de una amplia libertad de configuración[37] que le permite, además de crear las exenciones, la posibilidad de modificarlas o derogarlas, sin que ello implique la vulneración de los derechos de los particulares, pues la regla general en materia tributaria, a nivel constitucional, es el deber de contribuir a la financiación de los gastos del Estado.

Ha dicho la Corte acerca del amplio margen de configuración que le reconoce al legislador en materia tributaria que "comprende la posibilidad de crear exenciones, modificarlas o suprimirlas, siempre y cuando éstas se funden en criterios objetivos y razonables".[38]

Como se ha expuesto en este estudio, la jurisprudencia nacional se ha referido a la discrecionalidad que tiene el legislador a propósito de la creación, modificación y derogación normativa, acentuando especialmente que éste goza de *una amplia libertad de configuración normativa*, que tiene como límite obvio a la Constitución.

---

[36] García González, Eusebio. *La interpretación de las normas tributarias*. Arazandi Editorial. p 61.

[37] Sobre la potestad de configuración del legislador en materia tributaria ver los pronunciamientos de la Corte Constitucional, sentencia C-222 de 1995, Magistrado Ponente: José Gregorio Hernández Galindo; sentencia C-393 de 1996, Magistrado Ponente: Carlos Gaviria Díaz; sentencia C-188 de 1998, Magistrado Ponente: José Gregorio Hernández Galindo; sentencia C-341 de 1998, Magistrado Ponente: José Gregorio Hernández Galindo; C-250 de 2003, Magistrado Ponente: Rodrigo Escobar Gil; sentencia C-114 de 2003, Magistrado Ponente: Jaime Córdoba Triviño; C-250 de 2003 Magistrado Ponente: Rodrigo Escobar Gil; sentencia C-625 de 2003, Magistrado Ponente: Clara Inés Vargas Hernández.

[38] Colombia. Corte Constitucional, sentencia C-1261 de 2005, op. cit.

Sin embargo, no existen elementos normativos que permitan identificar fácilmente los límites de la discrecionalidad legislativa, por lo que, en todo caso, para entrar a examinarla en este apartado es útil acudir a lo expuesto en el Código Contencioso Administrativo a propósito de las decisiones discrecionales con el ánimo de delimitar esa discrecionalidad legislativa frente a la modificación o supresión de exenciones.

Si aplicamos al legislador la regla prevista en el artículo 36 del Código Contencioso Administrativo sobre decisiones discrecionales,[39] en armonía con lo que ha afirmado la Corte Constitucional, tenemos que, en todo caso, por amplio que sea el margen de configuración de la ley que tenga el legislador, cuando tome cualquier determinación respecto a las exenciones tributarias, su decisión, que se entiende discrecional, debe ser adecuada a los fines de la norma que la autoriza y proporcional a los hechos que le sirven de causa.

Las normas de exenciones están autorizadas constitucionalmente y tienen como finalidad el fomento e incentivo de actividades o de sectores, mientras que los hechos que motivan su creación normalmente se relacionan con el acaecimiento de fenómenos económicos nacionales o sectoriales que requieren ser superados con la ayuda de inversiones de los particulares. En sí mismas, las normas de exenciones tienen la finalidad de beneficiar con descuentos el pago de impuestos o de reducirlo a tarifa cero ($ 0) a quienes realicen las condiciones y cumplan los requisitos establecidos en las mismas. En consecuencia, la discrecionalidad legislativa en cuanto a la configuración de exenciones tributarias sí cuenta con un parámetro de medición de su validez.

Para continuar definiendo la actuación del legislador respecto de las exenciones, retomaremos la clasificación que hizo el Consejo de Estado[40] debido a que dichas nociones complementan nuestro análisis acerca de si la función del legislador al regularlas es una actuación discrecional o reglada.

Una aproximación necesaria a efectos de concebir una respuesta a la pregunta planteada se encuentra en la clasificación de exenciones elaborada por el Consejo de Estado, en exenciones de carácter general o de carácter

---

[39] Colombia. Congreso de la República, Código Contencioso Administrativo, artículo. 36. "decisiones discrecionales. En la medida en que el contenido de una decisión, de carácter general o particular, sea discrecional, debe ser adecuada a los fines de la norma que la autoriza, y proporcional a los hechos que le sirven de causa".

[40] Colombia, Consejo de Estado, Sala de lo Contencioso Administrativo, Sección Cuarta, sentencia del 12 de noviembre de 1993. Exp. 5018, Consejero Ponente: Guillermo Chahín Lizcano, op. cit.

individual, y que la corporación construyó para distinguir los efectos que se derivan al modificar una u otra clase, así:

> Para las primeras, —*generales*— puede el legislador, en cualquier momento y cuando las condiciones lo señalen, eliminar para el futuro, sin requisitos especiales, la exención concedida. Para las segundas, —*individuales*— por su naturaleza individual y específica para un determinado grupo, deberá reconocerse, previamente a su eliminación, los derechos adquiridos durante la existencia de la exención, por parte de aquellas personas que realizaron esa determinada actividad, bajo el presupuesto de gozar de la exención fiscal (Cursivas fuera de texto).

Según lo manifestó el Consejo de Estado en la providencia citada, el legislador debe reconocer, previamente a la eliminación de una exención de carácter individual, los derechos de aquellas personas que, en virtud de la norma y esperando obtener un beneficio, realizaron las actividades tendientes a cumplir con la condición contemplada en dicha norma.[41]

No obstante, como se ha visto, la posición mayoritaria en la jurisprudencia colombiana considera que en el caso de las exenciones tributarias no existe un derecho adquirido para los particulares que se acogen a las exenciones.

Con los elementos anotados, entramos a determinar si el beneficio contenido en una exención es discrecional o reglado cuando el legislador trata de modificarlo o suprimirlo. Al respecto se considera que las normas que establecen exenciones de carácter individual son de carácter reglado, debido a que la libertad de configuración del legislador no puede desconocer los hechos y los derechos que se han consolidado bajo el amparo de las disposiciones expedidas.

En cuanto a las exenciones de carácter general en todo caso, consideramos que sí hay un límite evidente a la discrecionalidad legislativa, consistente en que la decisión de modificar o suprimir exenciones debe obedecer a un criterio de razonabilidad en el ejercicio de sus atribuciones y que se observará, por ejemplo, en la valoración de si se cumplieron o no los fines de la norma que modifica, así como en el factor temporal, es decir, en el momento en el que

---

[41] Un punto de vista de referencia para considerar un cambio abrupto como eventual abuso del derecho, puede verse desde la perspectiva de Sierra Mejía, Hernando, "La función tributaria y el abuso del derecho", en *Revista del Instituto Colombiano de Derecho Tributario*, ICDT, 1987.

se hará la modificación. Estos dos son los hechos que en criterio del Consejo de Estado suscitan ese cambio por parte del legislador.

Nótese además que al hacer este análisis previamente, el legislador deberá también tener en cuenta a los destinatarios que se habían acogido al beneficio durante la vigencia de la ley, estableciendo medidas para la protección de sus derechos y expectativas, ya sea en la vía legislativa o en la administrativa, como, por ejemplo, un régimen de transición.[42] Sin embargo, la discrecionalidad del legislador no supone actuación arbitraria, por lo que se puede acudir a los criterios mencionados para valorar el equilibrio en el uso de la "discrecionalidad" en la modificación de exenciones tributarias.

4.2. La responsabilidad del legislador en la creación de las exenciones tributarias

Como se mencionó, en Colombia las exenciones tributarias se crean por iniciativa del gobierno nacional mediante el trámite de una ley en el Congreso de la República, en virtud del principio de legalidad del tributo, que aplica tanto para la creación de los tributos como para la concesión de exenciones, beneficios o tratamientos especiales sobre los mismos.[43]

Si bien el legislador ejerce una competencia lícita al expedir normas tributarias, la práctica demuestra que no se ha concientizado acerca de la importancia de esa labor y de las consecuencias negativas que trae para la economía[44]

---

[42] El profesor García Novoa también se ha referido a la discrecionalidad en materia tributaria en el sentido que, frente a ciertas situaciones de hecho directamente relacionadas con el interés público, se impone que las decisiones sean tomadas por la administración y no estén predeterminadas en la ley. García Novoa, César, *El principio de seguridad jurídica en materia tributaria*, Marcial Ponds, Ediciones Jurídicas y Sociales, Madrid, 2000.

[43] Algunos expertos se refieren a estos tratamientos tributarios especiales utilizando el término "gasto tributario", denominación que agrupa varios instrumentos: exenciones, exoneraciones, créditos, deducciones, aplazamientos y algunas devoluciones de impuestos. En sentido amplio, el gasto tributario puede entenderse como aquella recaudación que se deja de percibir, producto de la aplicación de franquicias o regímenes impositivos especiales, y cuya finalidad es favorecer o estimular determinados sectores, actividades, regiones o agentes de la economía". Ver: Gómez Sabaini, Juan Carlos y Martner, Ricardo. "América Latina: panorama global de su sistema tributario y principales temas de política". En: Ruiz-Huerta Carbonell, Jesús (coord.), *Gobernanza democrática y fiscalidad*. 2010, pp. 331-362.

[44] En este sentido se puede interpretar que las exenciones tributarias son una forma de "búsqueda de rentas" que puede tener consecuencias adversas para la economía en el largo plazo. Ver, por ejemplo, Krueger, Anne O., "Government Failures in Development", en The Journal of Economic Perspectives , Vol. 4, No. 3 Verano 1990 y Murphy, Kevin M, Schleifer, Andrei, y Vishny Robert W, "Why Is Rent-

y para el ordenamiento jurídico la creación indiscriminada de exenciones sin que esas iniciativas gubernamentales tengan sustento en estudios interdisciplinarios serios que cuantifiquen y analicen sus efectos generales sobre el sistema tributario, el ingreso, el sector destinatario y la economía nacional. Ha sido evidente además que, una vez creados los beneficios, tampoco se hace monitoreo y evaluación para medir cuál fue el incremento real en la inversión y su impacto en el aumento del empleo, por mencionar algunos ejemplos.

Pese a que la ley 788 de 2002[45] estableció como obligación del Gobierno Nacional la de presentar anualmente con el proyecto de *Ley del Presupuesto de Rentas y Apropiaciones* "un informe detallado en el que se deberá evaluar y hacer explícito el impacto fiscal de los beneficios",[46] obligación que se reitera en la ley 819 de 2003 respecto a la fijación de normas para la trasparencia fiscal y la estabilidad macroeconómica, mediante el marco fiscal de mediano plazo que debe contener, entre otros elementos, "una estimación del costo fiscal de las exenciones, deducciones o descuentos tributarios existentes" esas medidas son insuficientes para estimar el verdadero impacto de las exenciones en la economía, sus verdaderos "beneficios" y, además, si realmente las ventajas o desventajas observadas se deben o no a la creación de esos estímulos a la inversión.[47]

Expertos insisten en sus críticas a esa política irreflexiva con la cual se proponen y crean las exenciones, destacando dentro de sus consecuencias negativas la disminución en el recaudo[48] y la inequidad que generan entre

---

Seeking So Costly to Growth?". En: The American Economic Review, Vol. 83, n° 2, Papers and Proceedings of the Hundred and Fifth Annual Meeting of the American Economic Association, mayo, 1993.

[45] Colombia. Congreso de la República. Ley 788 de 2002 (diciembre 27) Por la cual se expiden normas en materia tributaria y penal del orden nacional y territorial y se dictan otras disposiciones. Ver artículo 87.

[46] Ibídem.

[47] Un debate reciente en el país se presentó gracias al estudio realizado por dos economistas sobre el impacto de una exención creada en el gobierno de Álvaro Uribe Vélez. Señalan que "el análisis empírico sugiere que la política de reducción tributaria implementada en Colombia desde 2003 no contribuyó a promover la inversión, y que el boom de la inversión entre 2004 y 2007 más bien es explicado por factores del país o la región, la conclusión de nuestro ejercicio es que el costo fiscal de esta política no sería compensado por la generación de ingresos futuros producidos por las nuevas inversiones que debía promover". Ver Galindo, Arturo, Meléndez, Marcela "Corporate Tax Stimulus and Investment in Colombia". IDB Working Paper Series n° IDB-WP-173. Abril 2010 pp. 25, 26: http://www.econestudio.com/anexo/experiencia/a6f_corporate_tax_stilmulus.pdf.

[48] "Son diversos los planteamientos disponibles sobre las estrategias para aumentar el recaudo [...] pero existen otras corrientes que hacen un énfasis especial en las exenciones, resaltando su influencia adversa. La disminución en el recaudo por cuenta de las exenciones en renta ha adquirido relevancia desde

empresas e individuos. A manera de ejemplo, Fedesarrollo señala que "el crecimiento anual promedio del recaudo para los meses de enero del periodo 2001-2008 fue del 20%" mientras que para el mismo mes del año 2009 éste disminuyó al 14,1%,[49] cifra que evidencia cómo la política fiscal colombiana de los últimos años contribuye a erosionar la base de los ingresos del Estado, teniendo en cuenta que los beneficios tributarios constituyen una forma de gasto público[50] que tiene un porcentaje importante dentro del PIB: "el costo fiscal de una medida de este tipo no es despreciable. Mientras aumenta la preocupación porque el déficit fiscal para 2010 podría llegar a 18,3 billones de pesos (3,4% del PIB), en el MFMP de 2009 se calcula que en el 2008, debido a los beneficios y exenciones tributarias otorgadas, se dejaron de recibir 7,4 billones de pesos (1,6% del PIB)".[51]

En los últimos años en Colombia se ha incrementado la expedición de normas que otorgan exenciones tributarias a ciertas actividades empresariales sobre importantes impuestos para favorecer a inversionistas en sectores determinados, reduciendo su carga tributaria y haciendo así más rentable su inversión, pero simultáneamente, reduciendo el ingreso tributario del Estado por un periodo de tiempo, como se muestra en la tabla 2. Asimismo se han

---

que se implementó un conjunto complejo e inestable de beneficios tributarios, introducidos en sucesivas reformas que autorizaron "ingresos que no constituyen renta ni ganancia ocasional", [...] "deducciones en el impuesto sobre la renta", [...] "rentas exentas en el impuesto sobre la renta" [...] y "descuentos tributarios en el impuesto sobre la renta". Ver Macías Cardona, Agudelo Henao y López Ramírez: Los métodos para medir la evasión de impuestos: una revisión. En: *Semestre Económico* —Universidad de Medellín. vol. 10, n° 20, 2007, p. 71.

[49] Fedesarrollo. "La estructura tributaria en Colombia: ¿se promueve la competitividad?" En: *Tendencia Económica*, n° 86, junio de 2009. Documento electrónico, p. 3.

[50] Al respecto comenta Villela: "Se ha dicho que los gastos tributarios constituyen una transferencia de recursos públicos llevada a cabo mediante la reducción de las obligaciones tributarias con respecto a un impuesto de referencia. Ahora bien, idealmente, estas transferencias deberían perseguir en esencia cuatro objetivos: (i) mejorar la progresividad del sistema tributario; (ii) otorgar mayor eficiencia a la estructura tributaria; (iii) estimular el consumo de bienes estimados "meritorios", y (iv) incentivar la inversión en ciertos sectores o regiones. Además, algunos tratamientos especiales se basan en la complejidad que a veces presenta la aplicación de la normativa general, o en la obligatoriedad que se impone a los contribuyentes de realizar determinados actos o consumos, aunque es menor el consenso acerca de si ese tipo de desvío de la norma debe ser considerado gasto tributario". Ver Villela, Luiz, Lemgruber, Andrea, Jorratt, Michael. *Gastos Tributarios: La Reforma Pendiente.* p. 4. Basado en trabajo de los mismos autores denominado "Los presupuestos de gastos tributarios: conceptos y desafíos de implementación", Documento de Trabajo BID # IDB-WP-131. Documento electrónico.

[51] Op. cit., Fedesarrollo. Documento electrónico, p. 11.

introducido los contratos de estabilidad jurídica con los que se garantiza la permanencia en las reglas jurídicas bajo las cuales los inversionistas se comprometen con un proyecto de inversión. Esta política ha sido criticada[52] por las graves consecuencias que genera para la estabilidad del sistema tributario y del ingreso, así como para la coherencia del ordenamiento jurídico, pues cada vez más el legislador con su intervención mediante la proliferación de normas de exenciones, aisladas de una política nacional coherente e igualitaria, desdibuja los principios de igualdad, equidad, justicia y el deber constitucional de contribuir según la capacidad. Nos aproximamos en algunos años a un conjunto de "sistemas tributarios unipersonales" a la medida de cada inversionista y perdiendo cada vez más la sistematicidad del ordenamiento tributario.

En consecuencia, si es cierto que el sistema tributario responde a principios que buscan garantizar la financiación del Estado dentro de parámetros de justicia y equidad, y que éstos son valores que se encuentran presentes en la Constitución colombiana, ante la irresponsabilidad del Gobierno Nacional y del legislador, que en últimas es quien debe discutir las propuestas normativas y tomar la decisión de qué opciones responden al interés público (impersonal, abstracto y general como se concreta en la ley), quedará entonces en manos del juez contencioso administrativo determinar la responsabilidad del legislador por los daños que éste ocasiona en la economía y en el ordenamiento jurídico al expedir normas que crean exenciones tributarias sin sustento.

Como se desarrollará en los apartes siguientes, también le corresponderá al juez administrativo admitir la responsabilidad del legislador frente a los particulares que sean beneficiados por esas exenciones y que se vean privados intempestivamente de ellas por el legislador.

En circunstancias como la del caso que se presenta enseguida, la derogación de las exenciones se ha utilizado para intentar contener las consecuencias negativas que generan con el tiempo en la economía, debido a que el Estado no realizó previamente los estudios técnicos necesarios para medir su impacto. El gobierno advierte tarde las dificultades fiscales de cumplir con esas pro-

---

[52] Juan Camilo Restrepo, ex ministro de Hacienda señala que además de gestionar y auditar mejor los recursos disponibles se debe trabajar en la "reducción de privilegios y exenciones tributarias injustificadas, [...] en ampliar las bases pero simultáneamente reducir las tarifas". Restrepo, Juan Camilo. Los alcances de la coyuntura fiscal del país. En: Apuntes del Cenes II semestre de 2002, p. 312.

En similar sentido, Macías Cardona, Agudelo y López Ramírez, op. cit.

mesas y entonces el legislador le facilita el instrumento de la derogación de las exenciones cuando sus destinatarios acuden ante la administración para reclamar los beneficios. Pese a que la iniciativa en materia de exenciones es del gobierno, se considera que es el legislador quien incurre en responsabilidad por crear normas de exenciones sin exigirle al gobierno que demuestre con estudios serios su necesidad e impacto y, adicionalmente, sin verificar si en la iniciativa existe una adecuada previsión económica:

Tabla 2

Exenciones eliminadas en las leyes 788 de 2002 y 863 de 2003[53]	
Artículo / Estatuto	Descripción
249	Descuento por donaciones a instituciones de educación superior (Este descuento equivalía al 60% del valor de la donación)
250	Descuento por generación de empleo (Equivalía hasta 15% del impuesto, por salarios de nuevos empleos)
257	Descuento por CERT (Equivalía al 35% del CERT)
36-4	Procesos de democratización de sociedades (No gravaba la utilidad de acciones de alta bursatilidad)
37	Utilidad en venta de inmuebles (Exoneraba la utilidad de venta de inmuebles a entidades públicas)
43	Premios en concursos nacionales e internacionales (Desgravaba premios de carácter científico, deportivo, literario, artístico, etc.)
46	Terneros nacidos y vendidos en el año (Exoneraba la utilidad en la venta de estos terneros)
54	Pagos por intereses y servicios técnicos en zonas francas (Excluía del impuesto a la renta los pagos por intereses y servicios técnicos realizados por las empresas ubicadas en las zonas francas)
55	Contribuciones de empleadores a fondos mutuos de inversión (Exoneraba de impuestos una parte de las contribuciones hechas por los empleadores a favor de los trabajadores en uno de esos fondos)

Continúa

[53] En: Presidencia de la República de Colombia. Panorama de las exenciones tributarias en Colombia. Medellín, 13 agosto de 2009. (SNE). Durante la Asamblea de la Asociación Nacional de Industriales, ANDI, el presidente Álvaro Uribe Vélez presentó el panorama de las exenciones tributarias en Colombia. Consultado en: http://www.presidencia.gov.co/prensa_new/sne/2004/agosto/13/memorando_beneficios_presidencia.htm.

Exenciones eliminadas en las leyes 788 de 2002 y 863 de 2003	
Artículo / Estatuto	**Descripción**
56	Rendimientos de los fondos mutuos de inversión, fondos de inversión y fondos de valores (Los rendimientos de ninguno de esos fondos tributaba por los rendimientos de inversión en acciones y bonos)
209	Empresas comunitarias (Constituían renta exenta las obtenidas por estas empresas)
211 Parág. 4	Microgeneradoras de energía eléctrica (Constituía renta exenta)
216	Contratos de exploración petrolera (Exención para contratos vigentes a octubre 28 de 1974)
217	Fondos ganaderos (Exención de renta cuando fueran sociedades anónimas abiertas)
219	Intereses por cédulas hipotecarias (Exencionaba los intereses de esos títulos)
221	Intereses por venta de inmuebles para reforma urbana (Exoneraba de impuesto a la renta los intereses por ese tipo de ventas)
222	Intereses por deudas y bonos de la reforma agraria y cédulas de reforma urbana (Exoneraba los intereses por esos títulos)
Ley 10/91 Arts. 14 a 16	Empresas asociativas de trabajo (Exoneraba de renta las utilidades y rendimientos para la empresa y los asociados)
Ley 685/01 Art. 235	Acreditación de exportaciones mineras como productos verdes (Exoneraba de impuesto a la renta las inversiones de empresas mineras en proyectos forestales)

Fuente: Presidencia de la República de Colombia.

Tabla 3

Exenciones que se mantuvieron en las leyes 788 de 2002 y 863 de 2002 para garantizar el principio de la confianza legítima[54]
Ley Páez (Decreto 1264 de 1994 y Ley 218 de 1995) El plazo para acogerse a los beneficios terminó el 31 de diciembre de 2003. Las empresas que se instalaron gozan del beneficio por 10 años a partir de su instalación. Ley Quimbaya (Ley 608 de 2000) El plazo para acogerse termina el 31 de diciembre de 2005. Las empresas tienen exenciones por 10 años a partir de su instalación.

Fuente: Presidencia de la República de Colombia.

[54] Presidencia de la República de Colombia. Ibíd.

Tabla 4

En Colombia se han creado incentivos tributarios que consisten en no pagar el impuesto a la renta por un determinado tiempo, esto en comparación con la tarifa general del impuesto a la renta del 33%.
Servicios hoteleros prestados en nuevos hoteles construidos antes del 31 de diciembre del año 2017, por 30 años.
Servicios hoteleros prestados en hoteles que remodelen o amplíen antes del 31 de diciembre del año 2017, por 30 años, en la proporción que represente el valor de la remodelación o ampliación en el costo fiscal del inmueble remodelado o ampliado.
Servicios de ecoturismo, por 20 años a partir de 2003.
Cultivos de tardío rendimiento plantados hasta el 31 de diciembre del año 2014, por un término de 10 años contados a partir del inicio de la producción.
Los nuevos productos medicinales y de software, elaborados en Colombia y con un alto contenido de investigación científica y tecnológica, con nueva patente o derechos de autor respectivos, hasta el 31 de diciembre del año 2012.
Venta de energía eléctrica generada con base en recursos eólicos, biomasa o residuos agrícolas, realizada por las empresas generadoras, hasta el 1 de enero de 2018.
Prestación del servicio de transporte fluvial con embarcaciones y planchones que con carga tengan un calado igual o inferior a 4,5 pies, hasta el 1 de enero de 2018.
Las empresas editoriales dedicadas a la edición de libros, revistas, folletos o coleccionables seriados de carácter científico o cultural están exentas hasta el 31 de diciembre de 2033.

Fuente: Proexport Colombia.

4.3. La aplicación del principio de confianza legítima como fundamento de responsabilidad en la modificación de exenciones

Para recapitular lo expuesto hasta ahora e introducir la parte final de este estudio, recordemos que la responsabilidad patrimonial del Estado tiene aplicación en las diferentes áreas en que éste despliega su acción. En efecto, en el ejercicio de sus competencias constitucionales y legales algunas conductas legítimas de las autoridades, como los cambios normativos, las modificaciones jurisprudenciales o la expedición de actos administrativos pueden llegar a afectar los intereses de los ciudadanos.

Sin embargo, se ha justificado tal afectación en la prevalencia del interés general y, actualmente entre nosotros, tanto en el deber de obediencia a la ley consagrado en los artículos 4º y 95 de la Constitución Política, como en la obligación que tienen los ciudadanos de soportar las cargas públicas que apareja el vivir en sociedad. Con todo, la misma Constitución Política en el artículo 90 establece que, aunque las autoridades actúen legítimamente, el Estado deberá entrar a responder en lo patrimonial cuando en desarrollo de su gestión se ocasione un daño antijurídico que un particular no deba soportar.

Podría decirse entonces que la teoría de la responsabilidad patrimonial del Estado se ha venido desarrollando con arreglo al principio de la tridivisión de poderes, por lo que encontramos una clasificación de la responsabilidad conforme a la división clásica del poder en la ley, en la doctrina y en la jurisprudencia. En este sentido, una de las mencionadas categorías de responsabilidad que se ha pretendido analizar en el presente escrito es la denominada responsabilidad del Estado legislador, que encuadra en la responsabilidad de tipo extracontractual.

Nos proponemos ahora analizar cómo se presenta la vulneración de la confianza legítima en la modificación de exenciones, para lo cual entraremos a exponer ciertos elementos que se considera enriquecerán la discusión sobre la responsabilidad legislativa en el campo tributario, iniciando con una conceptualización de lo que es la confianza legítima, para luego desarrollar algunas cuestiones que se relacionan con el tema central del presente estudio.

4.3.1. El concepto de confianza legítima

El principio de confianza legítima en derecho administrativo tiene origen en el derecho alemán, en la figura denominada *Vertrauenesshutz*.[55] Ha sido aceptado como principio de derecho a partir de su conceptualización y aplicación en la jurisprudencia, en especial en las sentencias del Tribunal de Justicia de las Comunidades Europeas, donde se introdujo tímidamente por primera vez en la STJCE del 13 de julio de 1965 (as. 111/63, Lemmerrz Werke). Aunque inicialmente su reconocimiento se dio a partir del principio de seguridad jurídica, hoy cuenta con autonomía propia, sin dejar de apoyarse en otros principios del Estado de Derecho como el de la buena fe. Cabe destacar que se ha venido utilizando como fundamento de la responsabilidad extracontractual de la Unión Europea a partir de la sentencia del Tribunal de Justicia de las

---

[55] De Vivero Arciniegas, Felipe, "La protección de la confianza legítima y su aplicación a la contratación estatal". En: *Revista de Derecho Público*, Ediciones Uniandes, mayo de 2004, n° 17, p. 125. En su artículo el Dr. De Vivero menciona como punto de partida del concepto en derecho alemán la sentencia del OVG de Berlín del 14 de noviembre de 1956, donde este Tribunal aplica la 'protección de la confianza' fundamentado en la teoría de los actos propios y se niega así a revisar una resolución de la autoridad competente que le había concedido una pensión a una anciana para ver si se había presentado un error en la concesión de la pensión.

Comunidades Europeas STJCE del 15 de mayo de 1974, asunto CNTA.[56] Tras su evolución en la jurisprudencia de dicho tribunal llegó a convertirse en un principio general del Derecho Comunitario. Los pronunciamientos del TJCE que han estructurado este principio admiten su aplicación especialmente en el campo del derecho económico por la necesidad de estabilidad en las normas jurídicas que regulan el mercado.

4.3.2. La generalidad de la ley no legitima el daño

Independientemente de cuál sea la causa que genera un daño antijurídico, hoy día se permite a los afectados solicitar una reparación integral sea de otros particulares o del Estado. Para abogar por la reparación de un perjuicio derivado de la Ley sin que esto pueda considerarse obtener una ventaja que rompa el paradigma de la generalidad de la ley o de la igualdad en su aplicación, emprenderemos el examen acerca de cómo se concilia la generalidad e impersonalidad propias de las leyes con la especificidad e individualidad de las normas de exenciones, intentando demostrar que en este ámbito se cumplen dichos postulados, pero bajo una visión un poco diferente de la acostumbrada.

Como lo expone Vioque, el hecho de que los tribunales resuelvan reclamaciones de responsabilidad derivadas de las leyes no implica que estén invadiendo la órbita del legislador o cuestionando su obra, pues lo que se busca analizar es cómo se comporta en un caso específico la norma, en palabras de Duguit, "la cuestión es solamente saber si la aplicación individual de la ley no tiene como efecto ocasionar, siguiendo el interés colectivo, un perjuicio grave a un individuo determinado. El Tribunal no juzgará más que esta cuestión".[57]

Con este mismo propósito el constituyente estableció la cláusula general de responsabilidad, que, por la forma en la que fue estructurada, no admite excepción, ni siquiera en materia tributaria, donde la Corte y el Consejo de Estado han tratado de hacer exclusiones frente al reconocimiento de derechos en este campo y, por ende, a la aplicación plena de la responsabilidad estatal y en particular del legislador.

---

[56] Sanz Rubiales, Íñigo, "El principio de confianza legítima, limitador del poder normativo comunitario". En: *Revista de Derecho Comunitario Europeo, Centro de Estudios Políticos y Constitucionales*, enero-junio de 2000, p. 94.

[57] Vioque Galán, op. cit., p. 434, cita a Duguit en su Traité de Droit Constitutionnel, Tercera edición, Tomo I, Ancienne Librairie Fontemoing Editeurs, París, 1930, p. 572, nota 65.

Es paradójico que, siendo el juez quien tiene el deber de velar por la realización plena de las garantías que reconoce la Constitución, y, por supuesto, hacerlo en casos concretos, que es precisamente donde se analizan los efectos de la aplicación de una norma, promueva exclusiones que no responden a la finalidad proteccionista de la Constitución, dejando sin posibilidades de reclamación a los afectados con los cambios legislativos. Se pregunta: ¿por qué es válido declarar la inconstitucionalidad de una disposición por contrariar la Constitución y no admitir también la responsabilidad del legislador en un caso concreto con el propósito de que el particular pueda solicitar la reparación cuando se afectan sus intereses y su patrimonio con la actuación legislativa?

Desde otra perspectiva podría argumentarse que el control constitucional es incompleto o tiene un límite. Por lo tanto, se requiere que el sistema cuente con otros mecanismos que validen la salvaguarda de los derechos en situaciones específicas. Si el juez constitucional no hace un juicio sobre la responsabilidad del legislador, al menos sí lo hace sobre el producto de su actuación en cuestiones de pura legalidad. En el ámbito de la responsabilidad del legislador, el juez natural sí estaría facultado entonces para pronunciarse sobre la necesidad de reparar los efectos adversos que la aplicación de una disposición genera en el patrimonio de un individuo.

Más que considerar si la ley tiene como tal una dimensión objetiva y una subjetiva, como lo expresa Vitola, es claro que en la actualidad hay normas con rango de ley que se dirigen a una parte del conglomerado que entre ellos podría considerarse una "generalidad" y "que se aprueban atendiendo a unas circunstancias concretas y para un número determinado de destinatarios".[58] Entre nosotros el ejemplo por excelencia de normas que se aprueban atendiendo a unas circunstancias concretas y para un número determinado o determinable de personas son las normas de exenciones que se aprueban de la misma forma que el resto de las leyes, pero que desde su origen está claro que tienen unos destinatarios específicos que se determinarán al momento de cumplir la condición prevista.

4.3.3. Derechos adquiridos y seguridad jurídica en materia tributaria

Los supuestos que han permitido el desarrollo de la responsabilidad del Estado legislador derivan de las normas y de los principios constitucionales

---

[58] Op. cit., p. 435.

del Estado de Derecho. En cuanto a los principios constitucionales es claro que el Estado de Derecho se erige sobre dos principios fundamentales, el principio de legalidad y el principio de seguridad jurídica, principios que deben irradiar toda la función legislativa del Estado.[59]

En este apartado se presentarán las dos perspectivas a partir de las cuales se ha discutido sobre la conveniencia o inconveniencia del principio de confianza legítima en relación con los principios de legalidad y de seguridad jurídica. En primer lugar, se hará referencia al aparente conflicto que produce el reconocimiento de la confianza legítima frente al principio de legalidad. En segundo lugar, se expondrá su relación con el principio de seguridad jurídica. Finalmente, señalaremos algunas ideas que permiten conciliar las dos posiciones mencionadas.

Confianza legítima vs. Principio de legalidad

Desde la introducción del principio de confianza legítima en el derecho alemán se ha discutido en los diferentes ordenamientos acerca de su fundamento, su alcance y el aparente dilema que plantea su admisión cuando se está frente a un principio fundamental del Estado de Derecho, cual es el principio de legalidad.

Detrás de la postura que rechaza la aplicación plena de la confianza legítima[60] se considera que subyace el temor a que el principio de confianza legítima disminuya la efectividad del principio de legalidad, amparando situaciones que se apoyarían en supuestos de hecho o de derecho erróneos que, a pesar de tener una legalidad de forma, el fondo de la cuestión contraría el ordenamiento.

Se plantea si la legalidad se debe sacrificar en aras de proteger una expectativa, un "derecho" o el interés de una persona o de un grupo de personas que deriva de un error de la autoridad que expidió el acto y que generó en el

---

[59] El profesor José Osvaldo Casas en su obra *Derechos Constitucionales y Garantías del Contribuyente a partir del principio de reserva de ley tributaria*, a propósito de los pilares del "Estado de Derecho" (la seguridad jurídica y la interdicción de la arbitrariedad) y de las potestades del legislador en la modificación de la ley, comenta sobre la vulneración a la seguridad jurídica que "conforme a la doctrina alemana, puede sostenerse que cuando el Poder Legislativo dicta normas a las que asigna efecto retroactivo, se están alterando las condiciones nucleares del *Estado de Derecho*, pues los habitantes del país no pueden confiar ya en el Derecho y quedan sometidos no solamente al vigente, sino a merced también de futuras e imprevisibles decisiones políticas e intervenciones gubernativas, viabilizadas mediante el expediente de normas con alcance retroactivo". Casas, José Osvaldo, obra mencionada, p. 811.

[60] Sánz Rubiales, op. cit., p.97. Cita a Waelbroeck, D., «Le principe de non-retroacivité en droit communautaire 'a la lumiére des arréts 'Isoglucose'», Revue Trimestrielle de droit européen, 1983, p. 392.

destinatario la confianza de que estaba en camino de adquirir un derecho; que lo adquirió en las condiciones del acto cuestionado o que confiaba en que el Estado mantendría, en su caso, las condiciones que ahora han sido derogadas.

De otra parte, en el principio de legalidad está inmerso el concepto de interés general, otro pilar del Estado de Derecho que no puede ser desplazado por el interés individual de un ciudadano que invoca el principio de confianza legítima.

Finalmente, cabe preguntarse si al admitir el principio de confianza legítima se está restringiendo la facultad del Estado de regular la vida de los ciudadanos —mediante la expedición de normas—, pues, al cuestionar los actos del Estado para preservar la legalidad de una situación particular amparada por este principio, se pierde la finalidad y el sentido de la ley, cual es garantizar reglas generales abstractas e impersonales que se apliquen en igualdad de condiciones a todos los ciudadanos.

La aplicación de la confianza legítima frente al mantenimiento de las condiciones legales vigentes en un momento determinado se produce cuando por excepción el Estado, como director general de la economía por mandato del artículo 334 de la Constitución Política, crea exenciones en los tributos mediante la ley, relevando temporalmente a los particulares que se encuentren en determinado sector o actividad económica de la obligación de tributar con el fin de incentivar la economía indirectamente a través de las inversiones que los particulares realicen directamente. Sin embargo, si en el plazo previsto se da por terminada esa prerrogativa, la confianza se verá perturbada.

La jurisprudencia establece que en materia tributaria no hay derechos adquiridos y ha adoptado la figura de las denominadas *situaciones jurídicas consolidadas* para darle cierta protección a aquellos sucesos o circunstancias que ya se han producido bajo el amparo de una norma antes de su derogación. Respecto a la modificación de normas que conceden exenciones, la jurisprudencia, manteniendo su criterio sobre el alcance de las facultades legislativas, señala que la modificación o derogación de exenciones es exequible, siempre que se respeten *las situaciones jurídicas de carácter particular y concreto consolidadas bajo su vigencia, porque, de lo contrario, se violarían los principios de buena fe y seguridad jurídica, de los cuales se desprende la confianza legítima del contribuyente*.

En principio, las situaciones jurídicas consolidadas operan como un derecho cuando, en presencia de una exención tributaria establecida por un plazo determinado, el particular ha cumplido la condición que dispuso el legislador en la ley que fue derogada.

Por esta vía se supone que se atenúa el perjuicio que sufre el particular cuando ocurre la modificación normativa por la confianza que éste tenía en el mantenimiento de las condiciones. Así, frente a la vulneración de la confianza legítima, la Corte Constitucional en la sentencia C- 617 de 1995 afirma: "Esa confianza, producto de la buena fe, es la que en un Estado Social de Derecho explica la coadyuvancia que el Estado debe dar a soluciones, sin que esto signifique ni donación, ni reparación, como tampoco desconocimiento del principio del interés general".

En cuanto al principio de legalidad tributario, es válido preguntarse si, cuando se configura una situación jurídica consolidada, el cambio normativo que vulnera la confianza del particular atenta contra el mismo principio de legalidad. Si la finalidad de la ley que concedió el beneficio era mejorar las condiciones económicas de quienes realicen las inversiones, pero su derogatoria ocasiona un daño, la finalidad inicial se desdibuja y, por ende, la actuación legislativa deviene en antijurídica y la confianza legítima subyacería como título de responsabilidad para resarcir el daño patrimonial causado por esa derogatoria.

En resumen, la finalidad abstracta e impersonal de la ley que concede una exención se concreta en la de un ciudadano que realiza unas inversiones con la confianza en obtener un beneficio concreto. De allí que, frente al principio de confianza legítima como fundamento de la responsabilidad del Estado, no cede el principio de legalidad, ni se afecta el interés general o el derecho a la igualdad, teniendo en cuenta que el particular actuó de buena fe y siguiendo lo prescrito en la ley realizó unas inversiones –que no ha hecho el resto de la colectividad–, por lo que merece la protección del Estado y la reparación del perjuicio que se le llegare a ocasionar.

Confianza legítima y seguridad jurídica

Como se mencionó, el principio de confianza legítima ha sido desarrollado a partir del principio de seguridad jurídica, entendido en la doble dimensión objetiva-subjetiva del concepto de seguridad. Mientras la seguridad jurídica busca preservar el ordenamiento en sentido objetivo, la confianza legítima hace lo propio en sentido subjetivo, es decir, respecto del convencimiento que tiene un particular en la vigencia de la ley.[61]

La aplicación del principio de confianza legítima pretende defender al ciudadano cuando se ve expuesto a cambios intempestivos en las normas o en las decisiones que toma la administración, sea por acción o por omisión. Vista desde la seguridad jurídica, la confianza del ciudadano se protege especialmente en el campo del derecho económico, donde se exige cierta estabilidad de las normas para la operación del mercado y de las expectativas de los agentes que en él intervienen.[62]

En Colombia, la seguridad jurídica en materia tributaria se sustenta en los artículos 338 inciso 3º[63] y 363 inciso 2º[64] relativos a la irretroactividad de la ley. El principio de confianza legítima, en cambio, se apoya en el preámbulo y en los artículos 2º y 3º[65], que garantizan un orden económico justo y que radican la soberanía en el pueblo así como en el artículo 83 conocido como el principio de buena fe (que recíprocamente deben guardarse los particulares y el Estado en sus actuaciones).

Frente a las modificaciones normativas, la jurisprudencia mantiene una posición cerrada y no admite la posibilidad de contar con cierta estabilidad en materia tributaria, proponiendo tímidamente que el legislador respete unos

---

[61] Sanz Rubiales, op. cit. p. 100.

[62] En este punto, la jurisprudencia del TJCE desde la sentencia del CNTA, (STJCE del 15 de mayo de 1974, As. 74/74) en diversos pronunciamientos ha llegado a reconocer indemnizaciones por daños y perjuicios derivados de su actividad normativa en materia económica.

[63] Artículo 338. Inc. 3º "Las leyes, ordenanzas o acuerdos que regulen contribuciones en las que la base sea el resultado de hechos ocurridos durante un período determinado, no pueden aplicarse sino a partir del período que comience después de iniciar la vigencia de la respectiva ley, ordenanza o acuerdo".

[64] Artículo 363. Inc. 2º "Las leyes tributarias no se aplicarán con retroactividad".

[65] Pese a que en la práctica las denominadas *situaciones jurídicas consolidadas* operan como un mecanismo de protección cuando, con base en una exención tributaria establecida por un plazo determinado, el particular cumplió la condición que dispuso la ley, aún no se conocen pronunciamientos en el sentido de ordenar la reparación del daño por responsabilidad del Estado y que amparen la confianza que el particular tenía en el mantenimiento de las condiciones. No obstante, en Colombia la jurisprudencia en otros supuestos en que las autoridades permitieron que el particular se formara la creencia de estar actuando en derecho, en aplicación del principio de confianza legítima han atenuado los efectos del cambio intempestivo de circunstancias, aunque todavía no se admite la procedencia de la indemnización. Así, en la sentencia SU-601A de 1999, op. cit. la Corte afirmó con razón, que *el juez constitucional no puede ordenar una indemnización* por desalojo, en el caso de personas amparadas por el principio de confianza legítima, no obstante reconocer que tienen derecho a una protección en virtud del mismo. Sin embargo, consideramos que la misma puede intentarse ante el juez de lo contencioso administrativo.

mínimos (situaciones jurídicas consolidadas) que al parecer no es una herramienta efectiva durante el trámite legislativo para que se garantice la situación consolidada.[66]

En cierta forma se le da poca importancia al valor de la seguridad jurídica. En nuestro criterio, la posición de la jurisprudencia es insuficiente para salvaguardar jurídica y económicamente al particular afectado por el cambio normativo y abrupto en su situación, teniendo en cuenta que si realmente se pretendiera que tal protección produjera efectos se admitiría que la autoridad competente dispusiera la reparación por el perjuicio causado como ocurre en otras circunstancias cuando se ocasionan daños antijurídicos.

El principio de confianza legítima surge como una garantía que permite exigir responsabilidad al Estado en materia tributaria cuando ocurren cambios normativos inesperados que afectan la seguridad y la estabilidad jurídica, los cuales además inciden negativamente en el patrimonio de los particulares.

Se considera que la atribución de responsabilidad al Estado como consecuencia de la aplicación del principio de confianza legítima puede fundamentarse en el artículo 90 de la Constitución Política sin desconocer el principio de legalidad. En efecto, el principio de legalidad (en Colombia arts. 2, 29, 121 y 122 de la C.P.) presupone que las normas deben responder a las finalidades previstas en la Constitución, entre ellas las que se han mencionado en materia tributaria en los apartes anteriores.

Pero, si al modificar una norma tributaria que pretende determinado fin se ocasiona un daño patrimonial a un particular, se contrarían postulados constitucionales como la buena fe, la seguridad jurídica, la garantía de la propiedad privada, la confianza legítima y la seguridad jurídica, siendo la nueva norma –como elemento causante del daño– el título de imputación de responsabilidad contra el Estado, como en otros casos lo pueden ser los hechos u operaciones administrativas, los actos administrativos o incluso las sentencias.

Para evitar que la aplicación del principio de confianza legítima eventualmente atente contra el interés general y se convierta en una forma de preservar situaciones irregulares que generen perjuicios al Estado, consideramos

---

[66] "La seguridad jurídica, aunque inferior en la jerarquía axiológica a la justicia, constituye, en opinión de Recasens, un valor primario en el orden cronológico, pues los hombres han buscado en el Derecho primariamente la seguridad y, secundariamente, al alcanzar un mayor desarrollo cultural y ético, la justicia". *Filosofía del Derecho*. Porrúa, México, 1959. p. 220, citado por Bravo Arteaga, op. cit., nota 8.

conveniente, además, acudir a otros principios que facilitarían una adecuada aplicación del principio de confianza legítima en el ámbito de la responsabilidad del Estado legislador; tales son los principios del enriquecimiento sin justa causa y de abuso del derecho. Por lo tanto, en principio puede mantenerse la seguridad jurídica en aras de no vulnerar la confianza de los particulares y sus derechos, siempre que las modificaciones ocasionen daños patrimoniales que desequilibren la igualdad en las cargas públicas. De lo contrario, se tiene que el juez debe entrar a ordenar la reparación del daño antijurídico que afecte el patrimonio de los particulares, conforme lo establece el artículo 90 de la Constitución.

Sobre la seguridad jurídica en materia tributaria

Al principio de seguridad jurídica[67] se ha sumado ahora el principio de confianza legítima, originado en el derecho alemán,[68] hoy reconocido en el ámbito jurídico nacional e internacional.

El profesor García Novoa[69] hace especial referencia al principio de seguridad jurídica en materia tributaria, afirmado que no solo es fundamental

---

[67] Sobre la seguridad jurídica ver entre otros: Restrepo Londoño, op. cit. p. 28, quien cita a Calmes Sylvia, *Du principe de protection de la confiance légitime en droits allemand, communautaire et français*, París: Nouvelle Bibliothéque de théses, Dalloz, 2001, p. 31. Colombia; Corte Constitucional, sentencia C-478 de 1998 op. cit. Además Sanz Rubiales, op. cit. pp. 92 y ss.

[68] García Novoa, op. cit. Este autor se refiere al principio de seguridad jurídica en los siguientes términos: "La seguridad jurídica (también predicable en materia tributaria) como principio desde la Constitución española (Art. 9,3 y 103,1) además de ser un desarrollo del principio de jerarquía normativa y del mismo de irretroactividad de la ley, es fundamental en el tráfico económico, teniendo en cuenta que los ciudadanos desarrollan sus actividades con base en la legislación vigente y pese a que en derecho tributario no está proscrita la modificación normativa e incluso la eventual retroactividad de la ley, es necesario que el legislador sea claro e inequívoco y que además señale en las nuevas disposiciones, a qué circunstancias o titularidades jurídicas acaecidas bajo la norma anterior se extenderán los efectos de las nuevas disposiciones".

[69] En similar sentido, el Profesor Eusebio González García, que fue Catedrático de Derecho Tributario de la Universidad de Salamanca, en su oportunidad explicó la forma como el principio de seguridad jurídica cumple un rol estratégico dentro del papel de la ley como "razón ordenadora" e instrumento "garantizador de un trato igual" afirmando que "la importancia de la ley como vehículo generador de certeza (aspecto positivo del principio de seguridad jurídica); y desde un punto de vista negativo el papel de la ley como mecanismo de defensa frente a las posibles arbitrariedades de los órganos del Estado (aspecto negativo del principio de seguridad jurídica). De donde se infiere la íntima relación existente entre los principios de legalidad y seguridad jurídica". El principio de seguridad jurídica y la codificación tributaria". En *Grandes Temas de Derecho Tributario*, obra homenaje a los profesores Ernesto Flores Zavala, Sergio Francisco de la Garza, Alfonso Cortina Gutiérrez. Universidad de Guadalajara,

para el orden jurídico en general, sino porque en este ámbito los ciudadanos desarrollan las actividades económicas con base en las normas vigentes, por lo que la necesidad de certeza normativa se intensifica. Para el autor, la posible vulneración de la seguridad jurídica por una norma tributaria que haga retroactivos sus efectos deberá estudiarse en cada caso. No obstante, para el tema de que se ocupa este trabajo, es interesante el análisis del autor acerca de la importancia que tiene para el derecho público la protección de aquellas expectativas de los ciudadanos a partir de la seguridad jurídica (entendida como previsibilidad), pues pasa de ser un problema en el patrimonio de una persona a convertirse en un tema de protección de derechos, partiendo de la aplicación práctica del principio de "protección de la confianza" del interesado, en la legalidad y en la estabilidad de las situaciones creadas por el Estado (legislador o administración) y, con fundamento en las cuales, éstos se desenvuelven en la sociedad. La seguridad jurídica tiene diversos componentes (certeza, previsibilidad, interdicción de la arbitrariedad) y además se relaciona con la modificación de beneficios. A continuación, algunos aspectos clave para la comprensión acerca de la importancia de la seguridad jurídica.

- En cuanto a la importancia de la seguridad jurídica, García Novoa señala que debe considerarse como fundamento de la existencia del Estado y de la correlativa necesidad de darle a éste seguridad a través de la ley.
- Respecto al contenido de la seguridad jurídica plantea que es necesario superar la distinción entre el aspecto subjetivo (sentimiento de certeza) y el objetivo (condiciones objetivas del ordenamiento), pues ambas manifestaciones son complementarias, por lo que las relaciona también con la "protección de la confianza" que, en su concepto, solo será predicable cuando las condiciones objetivas del ordenamiento sean previsibles.[70]

División de Estudios Jurídicos, Serie: Obras-homenaje, Gobierno de Jalisco, Unidad Editorial, Guadalajara, 1995. p. 125.

[70] Una interesante perspectiva también es planteada por Madariaga Gutiérrez, Mónica, *Seguridad Jurídica y administración pública en el siglo XXI*, Editorial Jurídica de Chile, 1993. En la doctrina existe consenso acerca de la importancia de la seguridad jurídica para el desenvolvimiento de los individuos, aunque algunos autores se inclinan más por defender la libertad que tiene el legislador en la modificación de las reglas jurídicas aunque implique cambio de las condiciones y pueda afectar los derechos adquiridos.

- De otra parte, al definir los límites de la seguridad jurídica, se centra en la prevalencia del interés general, al que siempre debe responder el Estado en el despliegue de su actuación. Sin embargo, el interés general no será un límite abstracto de la seguridad jurídica, sino que dependerá de cada circunstancia cuando entre en conflicto con otros valores de carácter constitucional.[71]

En el ámbito tributario, entonces, la seguridad jurídica se relaciona con el deber de contribuir en cuanto al mantenimiento de las condiciones que inciden sobre la capacidad económica. García concluye que con un manejo adecuado la seguridad jurídica es la herramienta que permite garantizar la eficacia de otros principios constitucionales de carácter tributario, tales como el de igualdad y el de generalidad a propósito del deber de contribuir, así como el de progresividad, por mencionar algunos.[72]

En síntesis, el legislador y la administración en desarrollo de su labor deben intentar hacer coincidir los intereses superiores del Estado —finalidad de fomento— con las expectativas económicas de un particular que, a través de la realización de una condición contenida por regla general en las disposiciones sobre exenciones, utilizando sus propios recursos, genera beneficios a la comunidad contribuyendo al cumplimiento de los fines estatales.

4.3.4. La aplicación del principio de confianza legítima como fundamento de responsabilidad en la modificación de exenciones en Colombia

El principio de la confianza legítima en Colombia ha sido sustentado en el artículo 83 de la Constitución Política y utilizado, por ejemplo, en la protección de derechos en circunstancias en las que el Estado permite al particular

---

[71] García Novoa, op. cit. pp. 88 y ss. Sobre este aspecto ver también Pérez Luño, Antonio Enrique, *La seguridad jurídica*, 2ª ed. Barcelona, Ariel, 1994.

[72] Consideramos que el aporte más relevante al tema que se analiza se encuentra en el capítulo tercero, relativo a las manifestaciones de la seguridad jurídica en el ordenamiento tributario, específicamente el apartado denominado "Reducción o supresión retroactiva de beneficios fiscales". En este segmento, además de ilustrarnos acerca del fundamento de las exenciones (excepción al deber de contribuir) el Profesor García aboga por la protección de las expectativas económicas de quienes, confiando en la estabilidad del beneficio, realizaron inversiones de buena fe, por lo que es vital que el Estado, proteja la confianza de tales individuos, para que éstos no vean frustradas sus expectativas, sin que ello implique la petrificación de la legislación.

formarse un convencimiento basado en razones objetivas para confiar en la estabilidad de la regulación así como para evitar el cambio súbito de la misma, cuando se altera de manera sensible la situación de ese particular.[73]

Dicho Principio en el orden legislativo se dirige a proteger las expectativas que tienen los ciudadanos frente a la estabilidad en la ley conforme a la cual van a desarrollar sus actividades. De esta forma, cuando en el desarrollo de su función el legislador introduce modificaciones en la ley que afectan las denominadas situaciones jurídicas consolidadas de los ciudadanos, resulta vulnerada la confianza que estos tenían en que las normas se mantendrían en la forma por ellos conocida.

Se considera que en materia tributaria cuando el Estado concede exenciones o beneficios con la finalidad de fomento por un tiempo determinado, si posteriormente modifica o deroga dicha normatividad y la modificación ocasiona un daño al particular, se genera responsabilidad patrimonial del Estado por el hecho del legislador, la cual, en aplicación del principio de confianza legítima, permitiría obtener la reparación de los perjuicios, tema del que nos ocupamos enseguida.

Como se ha mencionado, en nuestro país las Altas Cortes han introducido jurisprudencialmente el Principio de la Confianza Legítima en el ámbito del derecho público. Sin embargo, a pesar de que han reconocido su aplicación frente a la labor legislativa, en materia tributaria la Jurisprudencia ha sido renuente a admitir la existencia de derechos adquiridos, llegando a la configuración de una categoría de derechos que denomina situaciones jurídicas consolidadas.[74]

A partir de las situaciones jurídicas consolidadas en el ámbito de las exenciones tributarias, la jurisprudencia ha señalado que es posible, en algunos casos, atenuar los efectos del cambio legislativo para que el Estado le facilite

---

[73] Colombia. Corte Constitucional, sentencia C-478 de 1998 op. cit.

[74] Ver, entre otras, las sentencias: Colombia. Corte Constitucional, sentencia C-393 de 1996, op. cit. Corte Constitucional, sentencia C-604 de 2000. op. cit.; Consejo de Estado, Sección Primera, sentencia del 14 agosto de 1987. También Consejo de Estado, Sección Cuarta, sentencia del 7 de junio de 1993, Consejero Ponente: Delio Gómez Leyva, Consejo de Estado, Sección Cuarta, sentencia del 26 de agosto de 1994, Consejero Ponente: Guillermo Chahín Lizcano; Consejo de Estado, Sección Cuarta, sentencias de 7 de abril y 7 de noviembre de 1995, Consejero Ponente: Consuelo Sarria Olcos.

al ciudadano el tiempo y los medios necesarios para acomodarse a las nuevas circunstancias.[75]

Sin embargo, la solución mencionada no es suficiente, pues cuando el legislador otorga exenciones por un plazo determinado con la finalidad de estimular un sector de la economía a través de la realización de una(s) condición(es) que cumple el particular, pero luego modifica la ley sin que se haya adjudicado administrativamente el beneficio, se presenta un daño antijurídico por la vulneración de la confianza que el particular tenía en que las circunstancias que motivaron su inversión se mantendrían por el término inicial previsto y adicionalmente se produce un daño patrimonial (empobrecimiento).

Por lo tanto, la situación que el cambio normativo trae para el particular es desafortunada, puesto que éste debe iniciar reclamaciones a instancia jurisdiccional para obtener el reconocimiento de un beneficio al cual tiene derecho. No obstante, la solución dada por la jurisprudencia o en ocasiones solo por la misma ley que modifica la exención —en general, manteniendo la exención por la vigencia fiscal en curso—[76] es insuficiente, debido a que desconoce la capacidad económica y contributiva del particular y, aún más, la finalidad de fomento que motivó la expedición de la ley.

De otra parte, la jurisprudencia no se ha referido a la responsabilidad patrimonial del Estado legislador en materia tributaria, supuesto que facilitaría el resarcimiento de los daños económicos causados al particular por vulneración de la confianza legítima (entendida como seguridad jurídica y confianza en la estabilidad normativa), con fundamento en el artículo 90 constitucional. De ser así, cualquier inversión necesita de un término para recuperarse y, al derogarse la exención, quedan afectadas la confianza legítima y el patrimonio del particular, hecho y condición que deberían llevar a una declaración de responsabilidad por el hecho del legislador.

En este orden de ideas, con fundamento en el artículo 90 de la Constitución, como cláusula general de responsabilidad estatal veremos a partir de

[75] Colombia. Corte Constitucional, sentencia C-617 de 1995, op. cit.; Corte Constitucional, sentencia C-478 de 1998, Alejandro Martínez Caballero; Corte Constitucional, sentencia C-1215 de 2001, Magistrado Ponente: Rodrigo Escobar Gil; Consejo de Estado, Sección Tercera, sentencia del 25 de noviembre de 1999, op. cit.

[76] Colombia. Corte Constitucional sentencias C-341 de 1998, op. cit.; Corte Constitucional, sentencia C-1215 de 2001, op. cit.; Corte Constitucional, sentencia C-007 de 2002, op. cit.

un caso concreto la posibilidad de exigir la responsabilidad patrimonial del Estado legislador en Derecho colombiano por vulneración del principio de confianza legítima al derogar exenciones o beneficios tributarios concedidos por un plazo determinado una vez que el particular ha cumplido la condición establecida en la ley.

Un caso concreto: supresión del certificado de desarrollo turístico

Para ilustrar la propuesta de este trabajo se seleccionó como caso-ejemplo la situación suscitada luego de que el legislador, en uso de sus atribuciones, en el año 1995 realizara la supresión de los estímulos fiscales contenidos en los llamados Certificados de Desarrollo Turístico (CDT). Se analizará cómo la derogación de las normas que establecieron dicha medida de fomento vulneran la confianza legítima de los particulares que se acogieron a la misma, cumpliendo las condiciones previstas para obtener los certificados, por lo que, cuando el legislador modificó su situación afectó su confianza legítima e incidió negativamente sobre su capacidad contributiva, generando así un daño antijurídico que los afectados no están en la obligación de soportar.

Aunque el presente estudio se ha enfocado especialmente en las exenciones tributarias, se seleccionó como caso-ejemplo la medida de fomento tomada con los CDT, que igualmente pretendían otorgar estímulos fiscales a sus destinatarios. La razón es la perfección con la que el caso encaja en la hipótesis de esta propuesta, teniendo en cuenta que el legislador, el Gobierno, la Corte Constitucional y el Consejo de Estado, cada uno desde su órbita, se pronunciaron para tratar de enmendar las consecuencias que se iban produciendo tras la derogatoria que hizo el legislador sin la adecuada previsión.

En resumen, se surtieron los siguientes pronunciamientos en torno a la norma que establecía los Certificados de Desarrollo Turístico:

Del legislador: En el artículo 285 de la Ley 223 de 1995 "Por la cual se expiden normas sobre Racionalización Tributaria y se dictan otras disposiciones", y en el artículo 102 de la Ley 488 de 1998 "Por la cual se expiden normas en materia tributaria y se dictan otras disposiciones fiscales de las Entidades Territoriales".

Del Gobierno: Mediante el Decreto 2665 de 1999 "Por el cual se reglamenta el artículo 102 de la Ley 488 de 1998 y se dictan otras disposiciones".

Del Consejo de Estado: Sala de Consulta y Servicio Civil, Concepto número 927 del 16 de diciembre de 1996.

Y *de la Corte Constitucional*: En las Sentencias C-478 de 1998, norma acusada: artículo 285 (parcial) de la Ley 223 de 1995 y C-432 de 2003 "Demanda de inconstitucionalidad contra el artículo 102 parcial de la Ley 488 de 1998".

No obstante, ninguno de los anteriores "esfuerzos" fue suficiente para contrarrestar el daño causado a los particulares con la expedición de la Ley 223 de 1995.[77] Por el contrario, cada uno y en conjunto permiten colegir que en el proceso de la derogatoria del beneficio previsto en el artículo 7º de la Ley 60 de 1968 y en el Decreto 2272 de 1974 (los CDT) el legislador es responsable patrimonialmente con arreglo al artículo 90 de la Constitución Política por vulneración de la confianza y los derechos o situaciones jurídicas consolidadas de los particulares que se habían acogido al beneficio, en la forma como pasa a explicarse.

---

[77] El artículo 285 de la Ley 223 de 1995, sobre "Derogatorias y Vigencias", dispuso: "La presente ley rige a partir de la fecha de su publicación y deroga las normas que le sean contrarias, en especial las siguientes: el Decreto 2272 de 1974, artículo 7º de la Ley 60 de 1968". Los CDT fueron derogados y luego, en palabras de la Corte "revividos"; hubo pronunciamientos de constitucionalidad, concepto de la Sala de Consulta y Servicio Civil del Consejo de Estado, interpretaciones vía decreto, demandas de nulidad y restablecimiento del derecho. En la Sentencia C-478/98 la Corte analizó la demanda de inconstitucionalidad contra la norma del artículo 285 (parcial) de la Ley 223 de 1995 que derogó los CDT, llama la atención que en esa ocasión actuó como demandante, abogando por la inconstitucionalidad de la norma que derogó los CDT, el Dr. Marco Gerardo Monroy Cabra, quien posteriormente sería Magistrado de la Corte Constitucional. En el mismo sentido, en la Sentencia C-432/03 se demandó la inconstitucionalidad del artículo 102 parcial de la Ley 488 de 1998, para esta época ya era Magistrado Monroy Cabra. Coincidencialmente se encuentra una nota al final de la sentencia que resolvió dicha demanda, la que señala "LA SUSCRITA SECRETARIA GENERAL DE LA CORTE CONSTITUCIONAL HACE CONSTAR: Que el H. Magistrado doctor MARCO GERARDO MONROY CABRA, no firma la presente sentencia por encontrase en comisión debidamente autorizado en el exterior. Martha Victoria Sáchica Méndez Secretaria General".

Además, según la Nota de relatoría del Consejo de Estado: Sobre el derecho a obtener el incentivo tributario se consolidaba, en palabras de la Sala de Consulta y Servicio Civil de esta Corporación, con la decisión favorable del Consejo de Política Económica y Social —CONPES—. Consulta nº 927 de 16 de diciembre de 1996, Consejero Ponente: Dr. César Hoyos Salazar. Nota de la sentencia del Consejo de Estado, Sala de lo Contencioso Administrativo Sección Primera Consejero Ponente: Manuel Santiago Urueta Ayola, Bogotá, D. C., 18 de octubre de 2001 Radicación nº: 25000-23-24-000-1998-0131-01(6509).

Como comentario al margen es importante reseñar que en el actual Estatuto Tributario se encuentran consagrados los Certificados de Desarrollo Turístico en el artículo 205.[78] El estatuto también contempla el artículo 207-2, numerales 3 y 4, adicionado por el artículo 18 de la Ley 788 de 2002 "Otras Rentas Exentas", a manera de beneficios para el sector turístico, que, en su contenido y finalidad, son muy similares a las que fueron derogadas por el legislador en el artículo 285 de la Ley 233 de 1995 y que entramos a comentar.

> Art. 207-2. Son rentas exentas las generadas por los siguientes conceptos, con los requisitos y controles que establezca el reglamento:
> Num. 3. Servicios hoteleros prestados en nuevos hoteles que se construyan dentro de los quince (15) años siguientes a partir de la vigencia de la presente ley, por un término de treinta (30) años.
> Num. 4. Servicios hoteleros prestados en hoteles que se remodelen y/o amplíen dentro de los quince (15) años siguientes a la vigencia de la presente ley, por un término de treinta (30) años. La exención prevista en este numeral, corresponderá a la proporción que represente el valor de la remodelación y/o ampliación en el costo fiscal del inmueble remodelado y/o ampliado, para lo cual se requiere aprobación previa del proyecto por parte de la Curaduría Urbana y la Alcaldía Municipal, del domicilio del inmueble remodelado y/o ampliado. En todos los casos, para efectos de aprobar la exención, será necesaria la certificación del Ministerio de Desarrollo.

La génesis, evolución y supresión del certificado de desarrollo turístico[79]

1. Mediante el artículo 7º de la ley 60 de 1968 se creó el certificado de desarrollo turístico, cuya emisión quedó a cargo del Gobierno Nacional. Se

---

[78] Colombia, Decreto 624 de 1989 "Por el cual se expide el Estatuto Tributario de los Impuestos Administrados por la Dirección General de Impuestos Nacionales", artículo 205. Renta gravable por certificados de desarrollo turístico. "Los Certificados de Desarrollo Turístico se emiten al portador, son libremente negociables, no devengan intereses ni gozan de exenciones tributarias y constituyen renta gravable para sus beneficiarios directos".

[79] Colombia, Corte Constitucional, sentencia C-432 de 2003, Magistrado Ponente: Jaime Araujo Rentería. Esta providencia resolvió la demanda de inconstitucionalidad contra el artículo 102 parcial sobre los Certificados de Desarrollo Turístico, de la Ley 488 de 1998. Se toma el resumen de los hechos realizado por la Corte Constitucional en esta sentencia por su excelente síntesis del desarrollo, que tuvo la modificación de la norma que establecía los Certificados de Desarrollo Turístico.

indicó igualmente que los certificados servirían como equivalente para pagar por su valor nominal toda clase de impuestos nacionales, que su titularidad sería al portador y que a pesar de ser libremente negociables no devengarían intereses ni gozarían de exenciones tributarias, constituyendo al propio tiempo renta gravable para sus beneficiarios directos.

2. A través del decreto 2272 de 1974 se dictaron normas sobre Certificados de Desarrollo Turístico, reiterando al efecto las características y fines de tales certificados, al propio tiempo que se señalaron las reglas a cumplir por parte de los interesados en acceder a los mismos. Reglas que una vez satisfechas le permitirían a los inversionistas en establecimientos hoteleros o de hospedaje —cuya construcción se hubiere iniciado con posterioridad a la ley 60 de 1968— obtener de la Corporación Nacional de Turismo los citados certificados en cuantía hasta del 15% del costo de la inversión, por una sola vez, al concluirse las obras correspondientes y cuando tuvieren licencia de funcionamiento expedida por la Corporación Nacional de Turismo de Colombia. Esta opción fiscal se hizo extensiva a los inversionistas que ampliaran o mejoraran sustancialmente los actuales establecimientos hoteleros o de hospedaje, previo el cumplimiento de las condiciones y requisitos ya señalados.

3. Mediante el decreto 1361 de 1976 se reglamentó el decreto legislativo 2272 de 1974, desarrollando al respecto todo lo relativo al trámite, otorgamiento, entrega y efectos tributarios de los Certificados de Desarrollo Turístico.

4. Posteriormente, en virtud del artículo 285 de la ley 223 de 1995 fueron derogados, tanto el artículo 7 de la ley 60 de 1968 como el decreto 2272 de 1974, suprimiéndose así el Certificado de Desarrollo Turístico a partir del 20 de diciembre de 1995. Ahora bien, con el fin de salvaguardar la hipótesis de los Certificados de Desarrollo Turístico que se encontraban en trámite para su expedición, en sede de ultraactividad se dispuso a través del artículo 48 de la ley 383 de 1997: "Los certificados de desarrollo turístico que se encontraban en trámite para su expedición en los términos del artículo 4 del decreto

2272 de 1974 y hubieren recibido aprobación de la Corporación Nacional de Turismo y hubieren sido presentados para su aprobación a consideración del Consejo Nacional de Política Económica y Social, Conpes, antes del 22 de diciembre de 1995, deberán ser otorgados a los inversionistas beneficiarios de los mismos, en los términos que establezca el reglamento".

5. Esta disposición fue reglamentada parcialmente por el decreto 1053 de 1998.

6. Finalmente, ampliando aún más el prenotado término, se reabrió la oportunidad legal para acceder a los susodichos certificados a través del artículo 102 de la ley 488 de 1998 previo el cumplimiento de las siguientes condiciones: i) que se trate de proyectos turísticos respecto de los cuales la Corporación Nacional de Turismo haya expedido resolución aprobatoria de sus planos arquitectónicos; ii) que antes del 28 de febrero de 1996 sus inversionistas hayan anexado la información ante la misma entidad para solicitar dichos certificados; iii) que el establecimiento de comercio estuviere operando desde el primer trimestre de 1997. Denotándose tácitamente que la cuantía de los certificados no sería hasta del 15% del costo de la inversión, sino del 50% sobre el 15% del valor total de la inversión.

7. Es decir, nos hallamos ante una disposición legal que en aras del crecimiento y mejoramiento de la inversión hotelera en el sector turístico *amplía en más de dos meses el plazo para tener derecho a los revividos Certificados de Desarrollo Turístico*, manteniéndose al margen del beneficio quienes no cumplan con el expreso mandato del artículo 102 (Cursivas fuera de texto).

Uno de los afectados con la derogatoria de los CDT fue la Sociedad Hotelera del Tolima que, tras la derogatoria del mismo, sin haber obtenido respuesta de la administración sobre su concesión, demandó ante la jurisdicción de lo Contencioso Administrativo, buscando la reparación del daño causado por el no reconocimiento de su derecho a percibir ese estímulo fiscal.[80]

El Consejo de Estado en una decisión absurda[81] se negó a reconocer el derecho del particular a la reparación del daño surgido con ocasión de la derogatoria de la ley (CDT); en un pronunciamiento carente de argumentos jurídicos que respalden su razonamiento, la corporación además inaplicó las

---

[80] Los hechos del caso son los siguientes:

1. La Sociedad Hotelera del Tolima S.A. presentó a la Corporación Nacional de Turismo el proyecto de construcción del Hotel Altamira, con miras a obtener el incentivo establecido en la Ley 60 de 1968, denominado Certificado de Desarrollo Turístico. El 9 de junio de 1989 se expidió la Resolución Núm. 367, aprobatoria de los planos arquitectónicos correspondientes. La Corporación acusó recibo de la solicitud y reclamó el acta de iniciación de obras [...] 2. Los actos que debía expedir la Corporación eran de trámite y preparatorios para, luego, remitir la actuación al CONPES, entidad facultada para proferir el acto definitivo. Ese Consejo afirma que nunca recibió la solicitud. [...] 5. El 23 de noviembre de 1995, la Junta Directiva de la Corporación demandada decidió enviar al CONPES solo dos solicitudes de C. D. T., dentro de las cuales no se encontró la de la demandante. El día 22 de diciembre siguiente, estando la solicitud aún en espera del concepto de la Junta Directiva de la C.N.T., entró a regir la Ley 223 de 1995, cuyo artículo 285 derogó expresamente la normatividad que consagraba los Certificados (Ley 60 de 1968 y Decreto 2272 de 1974). Para esa fecha la actora ya había cumplido las cargas que ese ordenamiento le imponía para tener derecho al incentivo. [...] 6. En julio de 1997, el Gerente de la entidad demandada comunicó, mediante Oficio núm. 1627 -sin fecha-, a la sociedad actora que no continuaría con el trámite de las solicitudes, razón por la cual ésta pidió copia del Acta núm. 577 de 29 de enero de 1997, respondiéndosele que no era un acto sujeto a notificación de los particulares, a pesar de lo cual la entidad finalmente le envió la copia en mención. 7. La demandante interpuso el recurso de reposición contra el Oficio núm. 1627, así como también recurrió la decisión adoptada por la Junta Directiva de la C.N.T., contenida en el punto núm. 7 del Acta núm. 577 de 29 de enero de 1997, el cual fue resuelto mediante el Oficio núm. 3287 de 11 de noviembre de 1997 y guardó silencio frente al segundo de ellos. [...] 9. La Junta Directiva de la C.N.T., en la sesión núm. 566 dispuso continuar el trámite de las solicitudes porque las normas reguladoras estaban vigentes. Así, autorizó su remisión al CONPES para que éste adoptara las decisiones correspondientes. 10. Mediante documento U.D.E-449, el Jefe de la Unidad de Desarrollo Empresarial del D.N.P. informó que el Consejo de Estado, previa consulta elevada por esa entidad, conceptuó que los incentivos estaban vigentes y que su trámite debía continuar, pero, por iniciativa del Gobierno, se expidió la Ley 223 de 1995, cuyo artículo 285 derogó los C. D. T., sin hacer referencia alguna a las solicitudes en curso, presentadas con el lleno de los requisitos. Por ello la Secretaría Jurídica de la Presidencia de la República señaló que los inversionistas que antes de la vigencia de la Ley 223 hubiesen cumplido los requisitos señalados en el Decreto Legislativo núm. 2272 de 1974, tenían el derecho adquirido a que el CONPES les reconociera y otorgara el incentivo. 11. La Ley 383 de 1997 consagra que los C. D. T. en trámite de expedición, que hubieran sido aprobados por la C.N.T. y presentados al CONPES antes del 22 de diciembre de 1995, debían ser otorgados en los términos que el reglamento estableciera, el cual nunca se profirió. Entonces, a la Sociedad Hotelera del Tolima S.A. se le han causado los perjuicios razonados cuyo reconocimiento solicita en la demanda.

[81] Consejo de Estado, Sentencia de 18 de octubre de 2001. Expediente #6509, Consejero ponente: Manuel Santiago Urueta Ayola.

disposiciones del Código Contencioso Administrativo (tanto sobre procedimiento administrativo como sobre trámite de las acciones contenciosas) al negar abiertamente el postulado de competencia temporal que tiene la Administración para resolver peticiones en sede administrativa, así como las normas relativas a los actos administrativos que son demandables ante la jurisdicción.

La regla del Código Contencioso Administrativo señala que solo se le permite a la administración resolver un asunto, aun de forma extemporánea, mientras el interesado no haya acudido ante la jurisdicción de lo contencioso administrativo y se haya admitido la demanda ya sea porque demande un acto administrativo expreso o presunto.

Se entiende también que, si la administración ya resolvió un asunto puesto a su consideración, pero el afectado, no conforme con la determinación, acude a la jurisdicción para controvertir la decisión, le corresponde entonces al juez dirimirlo y ya no a la administración, por lo que no podría el juez, una vez asumió conocimiento, como lo afirmó el Consejo de Estado en la sentencia de 18 de octubre de 2001 al resolver la demanda interpuesta por la sociedad hotelera del Tolima al abstenerse de resolver y en su lugar devolver dicho asunto a la administración para que ésta "resuelva" o modifique su decisión, pues una vez el juez ha admitido la demanda, dirimir la cuestión.

De otra parte, la sentencia en comento también incurre en el error de considerar que el asunto puesto a consideración de dicha corporación no provenía de un acto que puso fin a la actuación administrativa; se dejó de lado la premisa que si bien la administración (CONPES) no había resuelto el fondo del asunto (la concesión del beneficio) la Corporación Nacional de Turismo —C.N.T.— sí expidió un acto de trámite pero que le puso fin a la actuación administrativa, toda vez que impidió continuarla conforme lo dispone el Código Contencioso,[82] acto que además fue recurrido y por lo mismo procedía la demanda para cuestionarlo.

---

[82] Artículo 50. Recursos en la vía gubernativa. Por regla general, *contra los actos que pongan fin a las actuaciones administrativas procederán los siguientes recursos:* 1. El de reposición, ante el mismo funcionario que tomó la decisión, para que la aclare, modifique o revoque. 2. El de apelación, para ante el inmediato superior administrativo, con el mismo propósito. No habrá apelación de las decisiones de los Ministros, Jefes de Departamento Administrativo, Superintendentes y representantes legales de las entidades descentralizadas o de las unidades administrativas especiales que tengan personería jurídica. 3. El de queja, cuando se rechace el de apelación. [...] Son actos definitivos, que ponen fin a una actuación administrativa, los que deciden directa o indirectamente el fondo del asunto; *los actos de trámite pondrán fin a una actuación cuando hagan imposible continuarla* (Cursivas fuera de texto).

Si el acto atacado por el demandante (acto de trámite núm. 1627, sin fecha, mediante el cual el Gerente General (E) de la C.N.T. comunicó que se hacía imposible continuar con el trámite) no fuera de aquellos que ponen fin a la actuación, contra el mismo no se hubiera admitido ni resuelto el recurso interpuesto la Sociedad Hotelera del Tolima y tampoco el Consejo de Estado habría admitido la demanda si careciera de requisitos; en consecuencia, no se explica entonces por qué el Consejo de Estado falla ordenando devolver el asunto porque no hubo pronunciamiento de la administración.

El Consejo de Estado consideró que en el caso de la Sociedad Hotelera del Tolima solo le asistía a dicha sociedad el derecho a obtener una respuesta de la administración "dentro del término legalmente previsto para adoptar decisiones: debe advertirse así que el único derecho que le asistía a la actora era el de presentar la solicitud y que se le tramitara dentro de los términos de ley, si había sido acompañada de la documentación exigida en la ley, para que se le concediera el incentivo tributario".[83]

Por lo tanto, la corporación ordena en la sentencia que si a la afectada solo le asiste el derecho a que se le resuelva su solicitud del beneficio, se devuelva el asunto a la administración (CONPES) para que seis (6) años después defina si lo concede o no. Dicha respuesta sería absolutamente extemporánea e improcedente conforme al CCA porque ya se ha interpuesto demanda.

Sin embargo así lo dijo el Consejo de Estado en la providencia aludida:

> [...] Concluido como está que no es viable en el sub lite ocuparse del cumplimiento de los requisitos que reclama el artículo 102 de la Ley 488 de 1998, mal podría tomarse tal artículo como fundamento para el restablecimiento del derecho que resulte de la nulidad del acto acusado, el cual, como atrás se dijo, no puede ser otro que el de disponer que la Administración continúe con el trámite del asunto, y decida según lo que corresponda. Para el efecto, se deberá revocar parcialmente el fallo apelado y disponer que el trámite iniciado por la sociedad demandante continúe en el estado en que se encontraba al momento de la expedición del Oficio núm. 1627, sin fecha, proferido por el Gerente General (E) de la Corporación Nacional de Turismo,

---

[83] Colombia. Consejo de Estado, Sala de lo Contencioso Administrativo Sección Primera, 18 de octubre del 2001, Exp. 6509, Consejero Ponente: Manuel Santiago Urueta Ayola.

> de tal manera que, al concluir tal procedimiento administrativo, se determine si se consolida o no el derecho a obtener los CDTs y, de acuerdo con ello, se pueda apreciar si se desconocieron o no los bienes jurídicos que señala la actora en la demanda.

En otras palabras, el Consejo de Estado invierte las reglas de competencia que tiene la administración para resolver un asunto y no define de fondo si procedía o no la indemnización. Si bien la administración pudo incurrir en diversos errores durante el trámite del beneficio, no hay que perder de vista el tema que consiste en la incursión legislativa que es, en últimas, la que determina la ocurrencia del daño antijurídico.

En el caso de la Sociedad Hotelera del Tolima, y de los certificados de desarrollo turístico que no pudo adquirir, se produjo un daño antijurídico derivado de la acción del legislador. Éste incurrió en responsabilidad al derogar la norma que establecía ese beneficio, aunque tal acción corresponda a una de sus competencias legítimas dentro del amplio margen de configuración de la ley que, como se vio, tiene asignado.

No obstante, aunque la jurisprudencia no señale que el legislador tiene unos límites definidos en concreto, salvo acatar la Constitución, es justo allí donde surge el punto de controversia y donde no se entiende cómo la jurisprudencia no ha entrado a referirse a la responsabilidad legislativa cuando precisamente la Constitución contiene una cláusula general de responsabilidad del Estado que sí es aplicable al Congreso, como rama del poder público, e incluso lo sería a los congresistas, pues como servidores públicos son sujetos de responsabilidad. El tema de la responsabilidad del legislador se ha dejado de lado en Colombia desde la sentencia SU-047 de 1999, donde la Corte interpretó el alcance de la inviolabilidad parlamentaria, contenida en el artículo 185 de la Constitución:

> Esto significa que una actuación de un senador o representante se encuentra cubierta por la inviolabilidad sólo si cumple con las siguientes dos condiciones: de un lado, que, se trate de una opinión o de un voto por lo cual no quedan amparadas las otras actuaciones de los senadores

> y representantes, incluso si las desarrollan dentro del propio recinto parlamentario. De otro lado, la opinión debe ser emitida en el ejercicio de sus funciones como congresista, por lo cual no son inviolables aquellas opiniones que un senador o representante formule por fuera de los debates parlamentarios, cuando actúe como un simple ciudadano.[84]

Ahora bien, el contexto en el cual la Corte emitió dicha sentencia correspondía a los hechos que se suscitaron en torno al juicio contra el ex-presidente Samper, es decir, la inviolabilidad del Congreso en ejercicio de su función jurisdiccional contra altos dignatarios del Estado: "Es pues necesario que la Corte examine el alcance de la inviolabilidad parlamentaria, con el fin de determinar si la Sala de Casación Penal puede o no investigar todos los aspectos del comportamiento de los parlamentarios en el juicio al Presidente Samper, y en especial el sentido del voto emitido por la peticionaria".[85]

Sin más preámbulos, la Corte, en un intento de blindar el juicio contra el ex-presidente Samper para terminar con la crisis institucional que trajo al país y que amenazaba la estabilidad, afirmó en la sentencia mencionada que la inviolabilidad de los congresistas es igual a irresponsabilidad jurídica, pretendiendo hacer una interpretación extensiva del artículo 185 que el mismo no contiene:

> 11- Finalmente, si bien la inviolabilidad es específica, pues sólo cubre los votos y opiniones en ejercicio del cargo, también es absoluta, *ya que sin excepción todos los votos y opiniones emitidos en el proceso de formación de la voluntad colectiva del Congreso quedan excluidos de responsabilidad jurídica.*
>
> Este carácter absoluto se explica tanto por razones literales como históricas y finalísticas. Así, de un lado, el artículo 185 de la Carta no establece ninguna excepción, pues protege las opiniones y votos emitidos por los congresistas en ejercicio de sus cargos, sin distinguir

---

[84] Colombia. Corte Constitucional. sentencia SU-047 de 1999, fundamento jurídico 10, citado por la Corte Constitucional en la sentencia SU-062 de 2001, Magistrado Ponente: Eduardo Montealegre Lynett.

[85] Ibíd.

> qué tipo de función se encuentra cumpliendo el senador o representante en cuestión.
> [...]
> Finalmente, desde el punto de vista conceptual, esta figura pretende proteger de manera general la libertad e independencia del Congreso, por lo cual es natural *que se proyecte a todas las funciones constitucionales* que desarrollan los senadores y representantes, tal y como lo reconoce uniformemente la doctrina comparada (Cursiva fuera de texto).[86]

Desde entonces, se nubló la discusión acerca de la responsabilidad jurídica de tipo patrimonial del legislador en Colombia. La misma Corte ha señalado que "Con base en el principio de la unidad de la constitución, la interpretación debe buscar la coherencia interna del sistema y la conexión intrínseca de sus diversas disposiciones, evitando la contradicción entre los valores, principios, derechos y garantías institucionales que la integran. Esto significa que el 'bloque normativo y axiológico de la constitución', sirve para desentrañar la naturaleza de instituciones similares".[87] Sin embargo, la inviolabilidad de los congresistas no equivale a admitir la irresponsabilidad del legislador pues dicha interpretación implicaría aceptar que el Congreso se encuentra fuera de la aplicación del artículo 90 de la Constitución y de otros artículos que pasan a analizarse a partir del "bloque normativo y axiológico de la constitución", intentando "desentrañar la naturaleza de instituciones similares" sobre la responsabilidad.

Frente al artículo 6[88] es claro que los congresistas son servidores públicos, por lo tanto, sujetos de responsabilidad. Empero, reconocer que son sujetos de responsabilidad como agentes del Estado que son no implica desconocer la inviolabilidad de sus opiniones o votos, toda vez que la aplicación armónica del artículo 90 constitucional evidencia que allí se consagra una clara diferencia entre la responsabilidad del Estado y la responsabilidad que igualmente es posible deducir a sus agentes, entre ellos los congresistas.

---

[86] Ibíd., fundamento jurídico 11.

[87] En esta sentencia la Corte se refirió al mismo tema de la inviolabilidad parlamentaria.

[88] Colombia, Constitución Política, Artículo 6. Los particulares sólo son responsables ante las autoridades por infringir la Constitución y las leyes. Los servidores públicos lo son por la misma causa y por omisión o extralimitación en el ejercicio de sus funciones.

Así mismo, el artículo 133 de la Carta prescribe que "los miembros de cuerpos colegiados de elección directa representan al pueblo, y deberán actuar consultando la justicia y el bien común. [...] El elegido es responsable políticamente ante la sociedad y frente a sus electores del cumplimiento de las obligaciones propias de su investidura".

Ahora bien, este artículo se refiere a un tipo de responsabilidad de los miembros del Congreso, la de tipo político. Pero debe entenderse que ésta no es la única clase de responsabilidad, ni el único tipo de control por el que son objeto de medición. Entonces, nuevamente se abre la puerta a la responsabilidad legislativa, quedando en duda la tajante afirmación de la Corte en el sentido de la "inviolabilidad" del Congreso en ejercicio de sus funciones, pues en todo caso a los electores sí les corresponde cuestionar la manera cómo los congresistas ejercen sus funciones.

El artículo 185 que viene a utilizar la Corte como fundamento de su tesis dispone: "Los congresistas serán inviolables por las opiniones y los votos que emitan en el ejercicio del cargo, sin perjuicio de las normas disciplinarias contenidas en el reglamento respectivo". Al tenor de su texto, se evidencia que la inviolabilidad no se refiere a la responsabilidad del Estado legislador como tal, sino a la responsabilidad personal de los miembros del Congreso, es decir, el artículo guarda perfecta sintonía con el artículo 90 constitucional, que diferencia claramente la responsabilidad del Estado y la de sus agentes, entre ellos los congresistas. En consecuencia, el artículo 185 no es un limitante para que se deduzca responsabilidad del Estado legislador y, por ende, para pensar en la procedencia de la reparación patrimonial de los daños que surjan con ocasión de la acción legislativa.

Finalmente, la Constitución también prevé que se puede cuestionar la labor legislativa como tal, que es lo que propone este trabajo, sin entrar a referirse a la responsabilidad personal de los miembros del Congreso. Es así como, en aplicación del artículo 167 de la Constitución Nacional, el Gobierno Nacional e incluso la Corte, durante el trámite legislativo, pueden entrar a juzgar e incluso a darle forma a los proyectos que el Congreso esté preparando, sin que tal intromisión se entienda como vulneración de la prerrogativa de "inviolabilidad":

> Art.167. El proyecto de ley objetado total o parcialmente por el Gobierno volverá a las Cámaras a segundo debate.
>
> [...]

> Exceptúase el caso en que el proyecto fuere objetado por inconstitucional. En tal evento, si las Cámaras insistieren, el proyecto pasará a la Corte Constitucional para que ella, dentro de los seis días siguientes decida sobre su exequibilidad.
> Si lo declara inexequible, se archivará el proyecto.
>
> Si la Corte considera que el proyecto es parcialmente inexequible, así lo indicará a la Cámara en que tuvo su origen para que, oído el Ministro del ramo, rehaga e integre las disposiciones afectadas en términos concordantes con el dictamen de la Corte. Una vez cumplido este trámite, remitirá a la Corte el proyecto para fallo definitivo.

De lo expuesto se aclara entonces que sí es procedente la responsabilidad del Estado legislador, sin que su admisión implique contradicción frente a la "inviolabilidad" que tienen los congresistas por sus opiniones y votos.

Volviendo al caso que se estudia, la responsabilidad del legislador por la derogación de los CDT es claro que, durante el trámite de la ley 223, el legislador no tuvo en cuenta que algunos certificados se encontraban en curso de ser expedidos, entre ellos el de la Sociedad Hotelera del Tolima, que contaba con razones para confiar legítimamente en la obtención del estímulo fiscal que había motivado sus inversiones y que se encontraba a la espera de un pronunciamiento de la administración cuando se efectuó la derogatoria.

La falta de previsión y de seguridad jurídica ponen en duda que el legislador haya actuado consultando la justicia y el bien común, máxime porque la derogatoria fue tajante (el 22 de diciembre de 1995 entró en vigencia la Ley 223 que derogó el incentivo buscado por la Sociedad Hotelera del Tolima). Además, la derogatoria fue precipitada, situación que se evidencia en la expedición de:

1. Una comunicación del Secretario del CONPES, mediante el Oficio número 037 del 2 de julio de 1996, comunicando que: "Una vez analizada la situación planteada por la derogatoria de los decretos 2272 de 1974 y 1361 de 1976 a raíz de la expedición de la ley 223 de 1995, se encontró que las solicitudes que ya habían iniciado su trámite, bien ante la C.N.T., o porque se encuentran para la aprobación del CONPES, no se ven afectadas por la citada derogatoria y por tanto pueden continuar su trámite."

2. La expedición de la Ley 383 de 1997 "con el fin de salvaguardar la hipótesis de los Certificados de Desarrollo Turístico que se encontraban en trámite para su expedición, en sede de ultraactividad" dispuso en su artículo 48:

> Los certificados de desarrollo turístico que se encontraban en trámite para su expedición en los términos del artículo 4 del decreto 2272 de 1974 y hubieren recibido aprobación de la Corporación Nacional de Turismo y hubieren sido presentados para su aprobación a consideración del Consejo Nacional de Política Económica y Social, Conpes, antes del 22 de diciembre de 1995, deberán ser otorgados a los inversionistas beneficiarios de los mismos, en los términos que establezca el reglamento.[89]

3. La expedición de la Ley 488 de 1998, cuyo artículo 102 reguló la liquidación de los certificados de desarrollo turístico relativos a los proyectos con planos aprobados por la C.N.T. y cuyos interesados hubieren anexado la información ante la misma entidad para su solicitud antes del 28 de febrero de 1996 y estuviere operando el establecimiento de comercio desde el primer trimestre de 1997.

Aunque la iniciativa para derogar exenciones provenga del gobierno, el legislador, conforme al artículo 154 de la Constitución, puede introducir modificaciones a los proyectos presentados por aquel, lo que significa que el legislador pudo, durante el trámite del proyecto de ley que terminó con la expedición de la Ley 223 de 1995, complementar el proyecto disponiendo las medidas necesarias para amparar la situación de los posibles afectados, contemplando, por ejemplo, un régimen de transición o unas indemnizaciones, como se hace en otros sistemas jurídicos o como la misma Constitución Nacional lo dispone, verbigracia cuando se priva a los particulares del ejercicio de una actividad lícita, porque la misma se convierte en un monopolio.[90]

---

[89] Colombia. Corte Constitucional, sentencia C-432 de 2003, op. cit.

[90] Ver al respecto el Artículo 336. "Ningún monopolio podrá establecerse sino como arbitrio rentístico, con una finalidad de interés público o social y en virtud de la ley. La ley que establezca un monopolio no

Con la derogación del artículo 7 de la ley 60 de 1968 que creó el certificado de desarrollo turístico, cuya emisión estuvo a cargo del Gobierno Nacional con el decreto 2272 de 1974, también derogado, se vulneraron los principios de seguridad jurídica y de capacidad contributiva, así como los derechos adquiridos o situaciones jurídicas consolidadas respecto de quienes, como la Sociedad Hotelera del Tolima, llevaron a cabo las gestiones contenidas en las normas mencionadas y esperaban recibir el beneficio, pues tenían el convencimiento de haber obrado conforme a la ley y por lo tanto de merecer recibir el estímulo fiscal.

Para la Sociedad Hotelera del Tolima no era previsible la derogatoria del beneficio. De haber sido así, seguramente no hubiera llevado a cabo las inversiones y las actuaciones para hacerse beneficiaria del mismo. Por el contrario, el afectado tenía el convencimiento de estar frente a un derecho porque había cumplido en el tiempo previsto, con las condiciones determinadas en la ley y oportunamente emprendió el trámite administrativo para el reconocimiento de su situación.

La Sociedad Hotelera del Tolima tenía confianza en el mantenimiento de las condiciones jurídicas, en la estabilidad de las situaciones y disposiciones que la amparaban.

Esperaba recibir los beneficios por los que había invertido y a los que legítimamente tenía derecho.

Esta convicción no era una mera expectativa,[91] pues el otorgamiento del CDT por parte de las autoridades administrativas solo consistía en un acto

---

podrá aplicarse antes de que hayan sido plenamente indemnizados los individuos que en virtud de ella deban quedar privados del ejercicio de una actividad económica lícita.

[91] En la sentencia citada de 18 de octubre de 2001 el ponente analiza el siguiente argumento de la demandada: "V.3.1. La Corporación Nacional de Turismo considera que la simple presentación de la solicitud *solamente representa una mera expectativa de derecho* y que la no conclusión del trámite en momento alguno obedeció a conductas negligentes sino a los *vacíos legales* surgidos a raíz del cambio de legislación." El Consejo de Estado dijo al respecto: "En cuanto a lo primero, la Sala observa que el derecho invocado por la *actora no se consolidó porque la documentación correspondiente nunca llegó al CONPES y a esta entidad le fue imposible conceder el beneficio.* Y la documentación no llegó al CONPES, entre otras razones, porque el Departamento Nacional de Planeación (v. folio 82 c. 5) recomendó no aprobar nuevos CDT [...] hasta que no se reestructure el incentivo, recomendación dirigida a la Corporación Nacional de Turismo mediante el Oficio núm. 004 de 4 de enero de 1995. No obstante lo anterior, y teniendo en cuenta que la solicitud de la sociedad demandante fue presentada el 18 de septiembre de 1995, es decir, ocho meses después de que Planeación Nacional recomendó no aprobar nuevos CDTs, la Corporación recibió la solicitud" (Cursivas fuera de texto). El Consejo de Estado asemeja el otorgamiento por parte

de verificación, debido a que las condiciones que hacían a un empresario merecedor del estímulo ya estaban regladas en la norma.

La Sociedad Hotelera del Tolima vio defraudada su confianza legítima al perder el estímulo fiscal contenido en la ley que fue derogada por el legislador, lo que le ocasionó un daño especial y un perjuicio patrimonial determinable que rompe la igualdad frente a las cargas públicas y que además afecta su capacidad contributiva, pues no sería gravada conforme a las normas preexistentes con las cuales determinó su conducta económica (un régimen tributario particular), debiendo ahora entonces contribuir en situación desigual frente a otros sujetos. En este sentido, conforme al artículo 90 de la Constitución Política su situación constituye un daño antijurídico derivado del hecho del legislador.

En consecuencia, conforme a los reconocimientos que ha hecho la jurisprudencia en materia de responsabilidad del Estado, –teniendo como base la denominada "cláusula general de responsabilidad del Estado (legislador)" contenida en el artículo 90– y a los dictámenes de la Asamblea Nacional Constituyente en la derogatoria de normas como las que conceden exenciones, si se afectan derechos o situaciones jurídicas consolidadas de los particulares, el Estado legislador debe responder indemnizando los perjuicios. Aceptar lo contrario sería desconocer que en el Estado colombiano todos los organismos son sujetos de responsabilidad y que los particulares están protegidos en su vida, honra y bienes.

---

del CONPES, que es un simple procedimiento administrativo de reconocimiento de una situación de hecho prevista en una norma que tiene una consecuencia ya dispuesta jurídicamente con el nacimiento del derecho. En nuestro concepto el derecho surge una vez el particular cumple con los supuestos de la norma.

Conclusiones

1. El constituyente de 1991 pretendió modificar el sistema de responsabilidad estatal para ampliar la protección de los derechos que la Constitución consagró. Ese nuevo régimen permite incluso que el Estado pueda asumir los daños que genera la actuación del legislador.

2. En Colombia se cuenta con un sustento normativo aplicable directamente, a través de las acciones contenciosas, para que se reconozca la reparación a la víctima decretando judicialmente la indemnización por el daño antijurídico que ocasione la actividad legislativa.

3. El sistema tributario debe cumplir los principios y deberes que la Constitución le señala para ser justo. Si el legislador en uso de sus atribuciones genera un daño antijurídico que determinados sujetos no tengan el deber jurídico de soportar, respecto de ellos se pierde la justicia del sistema tributario porque su condición de ser equitativo se funda en el hecho de gravar al conglomerado de ciudadanos según su capacidad. En consecuencia, la derogatoria de una exención tributaria, antes de la que la misma cumpla su finalidad, impone una carga superior a los sujetos que se acogieron a la misma, perdiéndose respecto de ellos ese equilibrio del sistema porque sus obligaciones tributarias ya no corresponden a su capacidad.

4. Las situaciones jurídicas consolidadas como forma de preservar derechos nacidos bajo la vigencia de una norma es un desarrollo directo de los principios de buena fe y de confianza legítima, los cuales permiten proteger la confianza de los ciudadanos en situaciones en las que, por distintas circunstancias, los jueces resuelven no equipa-

rar los derechos de carácter tributario a los derechos adquiridos en materia civil. Sin embargo, la interpretación de principios hecha por la jurisprudencia nacional y extranjera, en la práctica, se ajusta para justificar la procedencia de la responsabilidad legislativa cuando las modificaciones intempestivas de normas que habrían determinado una situación económica y contributiva, respecto de unos sujetos, les genera daño antijurídico.

Bibliografía

ALONSO GARCÍA, María Consuelo. *La responsabilidad patrimonial del Estado Legislador*. Marcial Ponds, Ediciones Jurídicas y Sociales. Madrid: 1999.

BERMÚDEZ, Martín. "El título jurídico de imputación en la responsabilidad estatal". Ponencia. Bogotá, 22 de junio de 2005: sin publicar.

BRAVO ARTEAGA, Juan Rafael. "La seguridad jurídica en el derecho tributario colombiano". En: *Academia Colombiana de Jurisprudencia*. Trabajo de posesión como miembro correspondiente. Bogotá, 18 de mayo de 2005: Academia Colombiana de Jurisprudencia.

BRAVO CUCCI, Jorge. *Fundamentos de Derecho Tributario*. Palestra Editores. Lima: 2003.

CASAS, José Osvaldo. *Derechos y garantías constitucionales del contribuyente. A partir del principio de reserva de ley tributaria*. Ad- Hoc. Buenos Aires: 2002.

CONCHEIRO DEL RÍO, Jaime. *La responsabilidad patrimonial del Estado por la declaración de inconstitucionalidad de las leyes*. Editorial Difusa. Madrid: 2001.

Colombia. ASAMBLEA NACIONAL CONSTITUYENTE. Gaceta Constitucional n° 56, 77, 105, 109, 112, 113, 142. Bogotá: 1991.

Colombia. CONGRESO DE LA REPÚBLICA. Código Civil Colombiano, mayo 26. Bogotá: El Congreso, 1873.

Colombia. CONGRESO DE LA REPÚBLICA. Acto Legislativo N°. 1., agosto 5, Reformatorio de la Constitución. Bogotá: El Congreso, 1936.

Colombia. CONGRESO DE LA REPÚBLICA. Ley 80 de 1993, octubre 28, por la cual se expide el Estatuto General de Contratación de la Administración Pública. Bogotá. El Congreso. 1993.

Colombia, PODER PÚBLICO ÓRGANO LEGISLATIVO. Ley 167 de 1941, diciembre 24. Sobre organización de la jurisdicción contencioso administrativa. Bogotá: El Congreso, 1941.

Colombia. Consejo de Estado. Sala de lo Contencioso Administrativo, Sección Tercera, Sentencia del 22 de noviembre de 1991, Exp. 6454, Consejero Ponente: Julio César Uribe Acosta.

Colombia. Consejo de Estado. Sala de lo Contencioso Administrativo, Sección Tercera, Sentencia del 2 de marzo de 1993, Exp. 7429, Consejero Ponente: Carlos Betancur Jaramillo.

Colombia. Consejo de Estado. Sala Plena, Sentencia del 25 de agosto de 1998, Rad.: IJ-001, Consejero Ponente: Jesús María Carrillo.

Colombia. Consejo de Estado. Sala Plena de lo Contencioso Administrativo, Sentencia del 8 de septiembre de 1998, Ref.: Exp. IJ-002 de 1998, Consejero Ponente: Daniel Suárez Hernández.

Colombia. Consejo de Estado. Sala de lo Contencioso Administrativo, Sección Tercera., Sentencia del 13 de febrero de 1996, Exp. 11213, Consejero Ponente: Juan de Dios Montes Hernández.

Colombia. Consejo de Estado. Sala de lo Contencioso Administrativo, Sección Tercera, Sentencia del 3 de mayo de 2007, Exp. 16696, Consejero Ponente: Enrique Gil Botero.

Colombia. Consejo de Estado. Sala Plena de lo Contencioso Administrativo, Rad.: S - 470 de 1995, Consejero Ponente: Diego Younes Moreno.

Colombia. Consejo de Estado. Sala de lo Contencioso Administrativo, Sección Tercera, Sentencia del 7 de marzo de 2002, Exp. 21588, Consejero Ponente: Alier Eduardo Hernández Enríquez.

Colombia. Consejo de Estado. Sala de lo Contencioso Administrativo, Sección Tercera, Sentencia del 18 de octubre de 1990, Exp.1990-N5396, Consejero Ponente: Julio César Uribe Acosta.

Colombia. Consejo de Estado. Sala de lo Contencioso Administrativo, Sección Tercera, Sentencia del 11 de diciembre de 2003, Exp. 16433, Consejero Ponente: Ricardo Hoyos Duque.

Colombia. Consejo de Estado. Sala de lo Contencioso Administrativo, Sección Tercera, Sentencia del 22 de noviembre de 1991, Exp. 6454, Consejero Ponente: Julio César Uribe Acosta.

Colombia. Consejo de Estado. Sala de lo Contencioso Administrativo, Sección Tercera, Sentencia del 29 de mayo de 2003, Exp. 14577, Consejero Ponente: Ricardo Hoyos.

Colombia. Consejo de Estado. Sala de lo Contencioso Administrativo. Sección Tercera, Sentencia del 8 de mayo de 1995, Exp. 8118, Consejero Ponente: Juan de Dios Montes Hernández.

Colombia. Consejo de Estado. Sala de lo Contencioso Administrativo, Sección Cuarta, Sentencia del 12 de noviembre de 1993, Exp. 5018, Consejero Ponente: Guillermo Chahín Lizcano.

Colombia. Consejo de Estado. Sala de lo Contencioso Administrativo, Sección Cuarta, Sentencia del 7 de junio de 1993, Consejero Ponente: Delio Gómez Leiva.

Colombia. Consejo de Estado. Sala de lo Contencioso Administrativo, Sección Tercera, Sentencia del 2 de marzo de 1993, Exp. 7429, Consejero Ponente: Carlos Betancur Jaramillo.

Colombia. Consejo de Estado. Sala de lo Contencioso Administrativo, Sección Tercera, Sentencia del 22 de noviembre de 1991, Exp. 6454, Consejero Ponente: Julio César Uribe Acosta.

Colombia. Consejo de Estado. Sección Primera, Sentencia del 14 agosto de 1987.

Colombia. Consejo de Estado. Sección Cuarta, Sentencia del 7 de junio de 1993, Consejero Ponente: Delio Gómez Leyva.

Colombia. Consejo de Estado. Sección Cuarta, Sentencia del 26 de agosto de 1994, Consejero Ponente: Guillermo Chahín Lizcano.

Colombia. Consejo de Estado. Sala de lo Contencioso Administrativo, Sección Tercera, Sentencia del 25 de noviembre de 1999, Consejero Ponente: Ricardo Hoyos Duque.

Colombia. Consejo de Estado. Sala de lo Contencioso Administrativo Sección Primera, 18 de octubre del 2001, Exp. 6509, Consejero Ponente: Manuel Santiago Urueta Ayola.

Colombia. Consejo de Estado. Sala de lo Contencioso Administrativo, Sección Primera, Sentencia del 14 de agosto de 1987.

Colombia. Consejo de Estado. Sala de lo Contencioso Administrativo, Sección Cuarta, Sentencia del 7 de junio de 1993, Consejero Ponente: Delio Gómez Leiva.

Colombia. Consejo de Estado. Sala de lo Contencioso Administrativo, Sección Cuarta, Sentencia del 26 de agosto de 1994, Consejero Ponente: Guillermo Chahín Lizcano.

Colombia. Consejo de Estado. Sala de lo Contencioso Administrativo, Sección Cuarta, Sentencias del 7 de abril y del 7 de noviembre de 1995, Consejero Ponente: Consuelo Sarria Olcos.

Colombia. Constitución Política de 1991.

Colombia. Corte Constitucional. Sentencia C-038 de 2006, Magistrado Ponente: Humberto Antonio Sierra Porto.

Colombia. Corte Constitucional. Sentencia C-1107 de 2001, Magistrado Ponente: Jaime Araújo Rentería.

Colombia. Corte Constitucional. Sentencia C-1060A de 2001, Conjuez Ponente: Lucy Cruz de Quiñones.

Colombia. Corte Constitucional. Sentencia C-625 de 2003, Magistrado Ponente: Clara Inés Vargas Hernández.

Colombia. Corte Constitucional. Sentencia C-587 de 1995 Magistrado Ponente. José Gregorio Hernández Galindo.

Colombia. Corte Constitucional. Sentencia C-1114 de 2004, Magistrado Ponente: Jaime Córdoba Triviño.

Colombia. Corte Constitucional. Sentencia C-007 de 2002, Magistrado Ponente: Manuel José Cepeda Espinosa.

Colombia. Corte Constitucional. Sentencia C-419 de 1995 Magistrado Ponente: Antonio Barrera Carbonell.

Colombia. Corte Constitucional. Sentencia C-333 de 1996, Magistrado Ponente: Alejandro Martínez Caballero.

Colombia. Corte Constitucional. Sentencia C-409-96. Magistrado Ponente: Alejandro Martínez Caballero.

Colombia. Corte Constitucional. Sentencia C-1003 de 2004, Magistrado Ponente. Jaime Córdoba Triviño.

Colombia. Corte Constitucional. Sentencia SU-601A de 1999, Magistrado Ponente: Vladimiro Naranjo Mesa.

Colombia. Corte Constitucional. Sentencia T-291 de 1993, Magistrado Ponente: Alejandro Martínez Caballero.

Colombia. Corte Constitucional. Sentencia C-393 de 1996, Magistrado Ponente: Carlos Gaviria Díaz.

Colombia. Corte Constitucional. Sentencia C-604 de 2000, Magistrado Ponente: Carlos Gaviria Díaz.

Colombia. Corte Constitucional. Sentencia C-478 de 1998, Magistrado Ponente: Alejandro Martínez Caballero.

Colombia. Corte Constitucional. Sentencia C-617 de 1995, Magistrado Ponente: Alejandro Martínez Caballero.

Colombia. Corte Constitucional. Sentencia C-333 de 1993, Magistrado Ponente: Eduardo Cifuentes Muñoz.

Colombia. Corte Constitucional. Sentencia C-125 de 2001, Magistrado Ponente: Rodrigo Escobar Gil.

Colombia. Corte Constitucional. Sentencia C-643 de 2002, Magistrado Ponente: Jaime Córdoba Triviño.

Colombia. Corte Constitucional. Sentencia C-734 de 2002, Magistrado Ponente: Manuel José Cepeda Espinosa.

Colombia. Corte Constitucional. Sentencia C-432 de 2003 Magistrado Ponente: Jaime Araújo Rentería.

Colombia. Corte Constitucional. Sentencia SU-062 de 2001, Magistrado Ponente: Eduardo Montealegre Lynett.

Colombia. Presidencia de la República. Decreto 624 de 1989 "Por el cual se expide el Estatuto Tributario de los Impuestos Administrados por la Dirección General de Impuestos Nacionales, 1989".

Colombia. UAE, DIAN: Dirección de Impuestos y Aduanas Nacionales. *El gasto tributario en Colombia. Principales beneficios en el impuesto sobre la renta e IVA años gravables 2006 y 2007*. Oficina de Estudios Económicos, Documento web 030, septiembre de 2008. p. 7 http://www.estimacionestributarias.com/archivos/colombia.pdf

De la Cueva, Arturo. *Justicia, derecho y tributación*. Editorial Porrúa. México: 1989.

De Vivero Arciniegas, Felipe. "La protección de la confianza legítima y su aplicación a la contratación estatal". En: *Revista de Derecho Público*, Ediciones Uniandes, n° 17, mayo de 2004.

Díaz, Vicente Oscar. *Seguridad jurídica en los procesos tributarios*. Editorial De Palma. Buenos Aires: 1994.

Escribano, Francisco. *La configuración jurídica del Deber de Contribuir, Perfiles Constitucionales*. Civitas. Córdoba: 1998.

Fedesarrollo. Tendencia Económica, n° 86 junio de 2009. Editorial: "La estructura tributaria en Colombia: ¿se promueve la competitividad?" Documento electrónico: http://www.fedesarrollo.org.co/wp-content/uploads/2011/08/TE-No.-86.pdf

Gaceta Judicial. Jurisprudencia Constitucional. Primer semestre. Corte Suprema de Justicia. Tomo CXCVII - no. 2436 Bogotá, Colombia - Año de 1989. Sentencia número 25. Referencia expediente 1869. Magistrado Ponente: Luis Alberto Aristizabal F. *Impuestos. Derechos adquiridos. Tributación.*

García de Enterría, Eduardo. *La responsabilidad patrimonial del Estado legislador*, Editorial Arazadi, Thomson-Civitas. Madrid: 2005.

García de Enterría, Eduardo. "El principio de la protección de la confianza legítima como supuesto título justificativo de la responsabilidad patrimonial del Estado Legislador". En: *Anales de la Real Academia de Jurisprudencia y Legislación*, 33, 2003.

García Novoa, César. *El principio de seguridad jurídica en materia tributaria.* Marcial Ponds, Ediciones Jurídicas y Sociales. Madrid: 2000.

Giampietro Borrás, Gabriel. *Incentivos tributarios para el desarrollo.* Ediciones Depalma. Buenos Aires: 1976.

Gómez Sabaini, Juan Carlos y Martner, Ricardo. "América Latina: panorama global de su sistema tributario y principales temas de política". En: Ruiz-Huerta Carbonell, Jesús y Villoria Manuel (coord.), *Gobernanza democrática y fiscalidad.* Tecnos. Madrid: 2010.

González García, Eusebio. "El principio de seguridad jurídica y la codificación tributaria". En: *Grandes Temas de Derecho Tributario.* González García, Eusebio (coord.). Universidad de Guadalajara, División de Estudios Jurídicos, Serie: Obras-homenaje, Gobierno de Jalisco, Unidad Editorial: Guadalajara, 1995.

González Méndez, Amelia. *Buena fe y Derecho Tributario.* Marcial Pons, Ediciones Jurídicas y Sociales. Madrid - Barcelona: 2001.

González Pérez, Jesús. "El principio general de la buena fe en el Derecho Administrativo". Discurso. Real Academia de Ciencias Morales y Políticas. Madrid: 1983.

Hernández Enríquez, Alier Eduardo. "Responsabilidad Patrimonial Extracontractual del Estado Colombiano". En: *Revista Facultad de Derecho*, Universidad Militar Nueva Granada. Vol. IV, n° 8, 2001.

Hernández Enríquez, Alier Eduardo. *Responsabilidad Extracontractual del Estado.* Ediciones Nueva Jurídica. Bogotá: 2007.

Inter-American Development Bank. Galindo, Arturo, Meléndez, Marcela. "Corporate Tax Stimulus and Investment in Colombia". Econ Estudio, 2010. http://www.econestudio.com/anexo/experiencia/a6f_corporate_tax_stilmulus.pdf

Lacerda Troianelli, Gabriel. *Responsabilidad do Estado por dano tributário.* Dialética. Sao Paulo: 2004.

López Morales, Jairo. *Responsabilidad extracontractual del Estado.* 2a. ed. Ediciones Lex. Bogotá: 1981.

Lozano Serrano, Carmelo. *Exenciones tributarias y derechos adquiridos.* Tecnos. Madrid: 1998.

Mazzacaro, Juan Carlos y Vocos Conesa, Juan Martín. "Responsabilidad del Estado por su actuación lícita con especial referencia a los cambios en la política económica. Síntesis de la jurisprudencia de la Corte Suprema de Justicia de la nación". En: Damsky, Isaac Augusto (h); López Olvera, Miguel Alejandro; Rodríguez Rodríguez, Libardo. *Estudios sobre la responsabilidad del Estado en Argentina, Colombia y México,* México. Instituto de Investigaciones Jurídicas, UNAM, 2007. Documento electrónico. http://site.ebrary.com/lib/urosariosp/Doc?id=10418366&ppg=335

Macías Cardona, Hugo A., Agudelo Henao, Luis Fernando y López Ramírez, Mario Ricardo: "Los métodos para medir la evasión de impuestos: una revisión" En: *Semestre Económico,* Universidad de Medellín. Vol. 10, n° 20, Julio-Diciembre de 2007.

Madariaga Gutiérrez, Mónica. *Seguridad Jurídica y administración pública en el siglo XXI.* Editorial jurídica. Chile: 1993.

Mestre Delgado, Juan Francisco, "La responsabilidad del Estado Legislador", En: *Cuadernos de Derecho judicial, Responsabilidad patrimonial del Estado legislador, administrador y juez.* n° 2- 2004, Centro de Documentación Judicial, Consejo General del Poder Judicial.

Mir Puigpelat, Oriol, *La responsabilidad patrimonial de la administración, hacia un nuevo sistema.* Civitas. Madrid: 2002.

Moisset de Espanés, Luis. "La doctrina de los actos propios". En: *Comercio y Justicia,* n° 13.607. Argentina: 1978.

Mordeglia, Roberto. "Bases científicas para un sistema tributario estable. Interpretación administrativa y las consultas fiscales". En: Casás, José O. (coord.), *Interpretación económica de las normas tributarias.* Editorial Ábaco de Rodolfo Depalma. Buenos Aires: 2004.

Mota da Pereira, Mauricio. *Responsabilidade civil do estado legislador.* Lumen Juris - RJ. Rio de Janeiro: 1999.

North, Douglass C. *Instituciones, cambio institucional y desempeño económico.* Agustín Barcena. Fondo de Cultura Económica. México: 1993.

Pérez Luño, Antonio Enrique. *La seguridad jurídica*, 2ª ed. Ariel. Barcelona: 1994.

Quintana López, Tomás. "La responsabilidad del Estado legislador". En: *Revista de Administración Pública.* Editores, Centro de Estudios Políticos y Constitucionales, n° 135, 1994.

Restrepo Londoño, Paulina. "La responsabilidad patrimonial del legislador en Colombia". Dir. Felipe de Vivero Arciniegas. Bogotá, D.C.: Uniandes, 2002. Tesis (Abogado) Universidad de los Andes.

Santamaría Pastor, Juan Alfonso. "La teoría de la responsabilidad del Estado legislador". En: *Revista de Administración Pública.* Centro de Estudios Políticos y Constitucionales, n° 68.

Samuelson, Paul A. y Nordhaus, William D., *Economía.* 14ª ed. McGraw Hill, 1993.

Sanz Rubiales, Íñigo, "El principio de confianza legítima, limitador del poder normativo comunitario". En: *Revista de Derecho Comunitario Europeo*, Centro de Estudios Políticos y Constitucionales, Enero-Junio de 2000.

Sierra Mejía, Hernando, "La función tributaria y el abuso del derecho". En: *Revista del Instituto Colombiano de Derecho Tributario*, ICDT, 1987.

Spiller, Pablo T. "Institutions and Commitment". En: *Industrial and Corporate Change*, Vol. 5, n° 2, 1996..

Tamayo Jaramillo, Javier. *La responsabilidad del Estado el daño antijurídico (Cons. Pol., Art. 90) el riesgo excepcional y las actividades peligrosas.* Temis. Bogotá: 2000.

Vanoni, Ezio. *Naturaleza e interpretación de las leyes tributarias.*, Madrid. Instituto de Estudios Fiscales. Trad. Juan Martín Queralt. 1973.

Villela, Luiz, Lemgruber, Andrea, Jorratt, Michael. *Gastos Tributarios: La Reforma Pendiente.*, Documento de Trabajo BID # IDB-WP-131. Documento electrónico: http://www.eclac.cl/ilpes/noticias/paginas/5/38375/Luiz_Villela_GTLaReformaPendiente.pdf

Vioque Galán, Roberto. *La Responsabilidad del Estado Legislador.* Cedecs. Barcelona: 2001.

Este libro fue compuesto en caracteres Adobe Caslon Pro 11.5 puntos, impreso sobre papel propal de 70 gramos y encuadernado con método Hot Melt, en el mes de septiembre de 2012, en

Bogotá D.C., Colombia

Estratégikmente Ltda.

Made in the USA
Monee, IL
18 October 2026

66035474R10092